Super Denksport
für die Grundschule

Super Denksport für die Grundschule 3./4. Klasse

Ravensburger Buchverlag

INHALT

INHALT

Hallo, Knobelfan!

Du machst gern lustige Denkspiele, löst spannende Rätsel und knackst verzwickte Knobelaufgaben? Dann bist du hier genau richtig! In diesem Buch warten jede Menge knifflige Sprach-, Logik- und Rechenrätsel, Konzentrationsübungen und Gedächtnisaufgaben auf dich.
Am Ende jedes Kapitels findest du außerdem tolle Spielideen, die du mit deinen Geschwistern oder Freunden ausprobieren kannst. Da sind Spannung und Spaß garantiert und ganz nebenbei bringst du deine grauen Zellen in Schwung!

Noch einige Tipps:

- Hier sind Profis gefragt: Die Aufgaben mit der 💡 sind etwas kniffliger.
- Löse die Knobelaufgaben auf einem Blatt Papier, dann kannst du sie mehrmals bearbeiten.
- Auf den Seiten 113 bis 127 findest du die Lösungen zu den Aufgaben. Hier kannst du vergleichen, ob du die Aufgaben richtig gelöst hast. Aber nicht schummeln!

Viel Spaß beim Knobeln und Rätseln!

SPRACHRÄTSEL

Geburtstag im Tipi

Der Sohn von Häuptling Großer Pfau hat Geburtstag.
Löse das Rätsel, dann erfährst du, wie er heißt.

~~3~~ ~~4~~ ~~1~~ 4 = n ~~2~~ ~~4~~ ~~5~~ ~~6~~ ~~7~~ ~~2~~ ~~2~~ ~~3~~

Tipp Schau dir die Buchstaben der Substantive genau an.

Versteckt

In den Wörtern haben sich weitere Dinge versteckt. Findest du sie?

GLOCKENSPIEL HAUSTIERKÄFIG

TASCHE ASTERN

COMPUTER KUSCHELDECKE

Wortgitter

In diesem Wortgitter haben sich zehn Bauernhoftiere versteckt.
Du kannst senkrecht, waagerecht und diagonal suchen.
Findest du alle?

A	K	P	F	E	R	D	L
H	U	H	N	P	L	O	T
P	H	E	O	Z	W	H	Y
M	A	U	S	I	R	U	Ü
S	C	H	W	E	I	N	K
L	Q	T	Z	G	L	D	I
K	A	T	Z	E	J	G	T
A	W	S	C	H	A	F	H

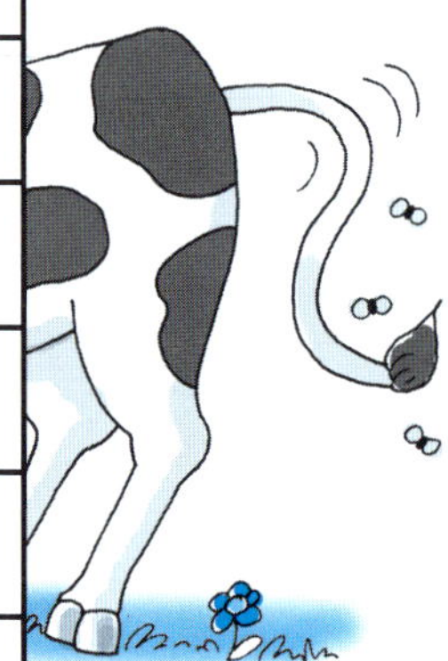

Für Witzbolde

1. Was kannst du nicht mit Worten ausdrücken?
2. Wie begrüßen sich zwei Päpste?
3. Warum hat der Schwan einen so langen Hals?
4. Warum trinken Mäuse nie Alkohol?
5. Womit fängt der Tag an und hört die Nacht auf?

Durchgeschüttelt

Der LKW hat Lebensmittel geladen. Leider war die Strecke ziemlich holprig und die Buchstaben sind durcheinandergeraten. Weißt du trotzdem, was er transportiert?

Reim-Memory

Welche Wörter reimen sich? Finde die richtigen Paare.

Wortkreuze

Welche Doppelkonsonanten fehlen hier? Schreibe die vier Wörter aus jedem Wortkreuz auf ein Blatt Papier.

		T	M		
		A	E		
	A			E	L
S	E			E	L
		E	E		
			R		

			T	R	
			A	E	
	K	A			E
S	P	I			E
			E	E	
				N	

Mischmasch

In jeder Reihe passt ein Wort nicht zu den anderen. Weißt du, welches?

Birne – Erdbeere – Kartoffel – Apfel – Melone

Schrank – Bett – Stuhl – Wolke – Kommode

Bus – Zug – Hund – Auto – Fahrrad

Füller – Bleistift – Kreide – Computer – Filzstift

Silbenrätsel

Lies dir die Umschreibungen durch. Bilde dann aus den Silben auf den Blättern die gesuchten Begriffe.

1. So heißt ein gelb-schwarzer Molch.
2. Da sind Schulsachen drin.
3. Hier kannst du Wörter nachschlagen.
4. Der hilft dir, wenn du mit dem Kopfrechnen nicht weiterkommst.

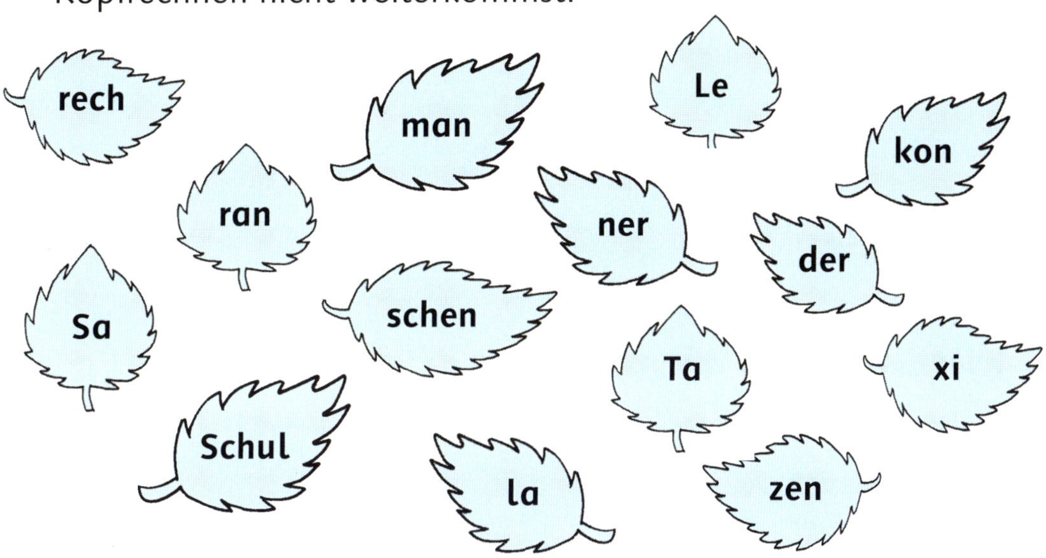

Zahlendieb

In diesen Wörtern sind die Zahlen gestohlen worden. Ersetze die Herzen durch ein Zahlwort, damit sie wieder vollständig sind.

Verd❤ Ab❤gung Run❤se ❤enbein ❤pruch Kla❤

Buchstabenzauberei

Der Zauberer Abeze hext in vier Schritten aus dem Wort TAUB das Wort RUHM. Dabei verändert er bei jedem Zauberschritt immer nur einen Buchstaben so, dass ein neues, sinnvolles Wort entsteht. Wie macht er das? Schreibe die Zauberschritte auf ein Blatt.

TAUB
1.
2.
3.
4. RUHM

Versuche den ersten Zauberschritt mit dem Anfangsbuchstaben R.

Tipp

Lückenhaft

Tom hat einen Hund. Wenn du statt der Pfotenabdrücke die richtigen Wörter einsetzt, weißt du, wie er aussieht.

Auge – schwarzen – Halsband – rechte – breite – lockig – Ohren

Foxi hat eine  Schnauze und einen langen Hals.
Sein Fell ist braun und .
Am Rücken hat er einen  Fleck und auch seine  Vorderpfote ist schwarz.
Er hat ein blaues und ein braunes .
Um den Hals trägt er ein rotes , auf dem sein Name steht.
Wenn er rennt, dann flattern seine langen  im Wind.
Das sieht lustig aus.

Verschoben

Anna hat ihrer Freundin eine geheime Botschaft geschrieben.
Kannst du sie lesen? Schreibe die Nachricht auf ein Blatt.

Quatsch-Sätze

Was fällt dir bei diesen Sätzen auf?

Alle Eidechsen isst Oma ungekocht.
An Erntedank ist Olga untergetaucht.
Auf Eisbären ist oft Ungeziefer.
Alte Elefanten irren oft umher.

Schau dir die Anfangsbuchstaben der einzelnen Wörter an. **Tipp**

Überlege dir selbst auch solche Sätze.

Wer bin ich?

Mit S bin ich unten an deiner Hose.
Mit B wachsen Äpfel an mir.
Mit R kannst du dich in mir aufhalten.
Mit Tr komme ich nachts zu dir.

Wörterpuzzle

Kai hat Wörter gepuzzelt. Vier Buchstaben sind noch übrig.
An welcher Stelle muss er diese jeweils anfügen, sodass ein neues Wort entsteht?

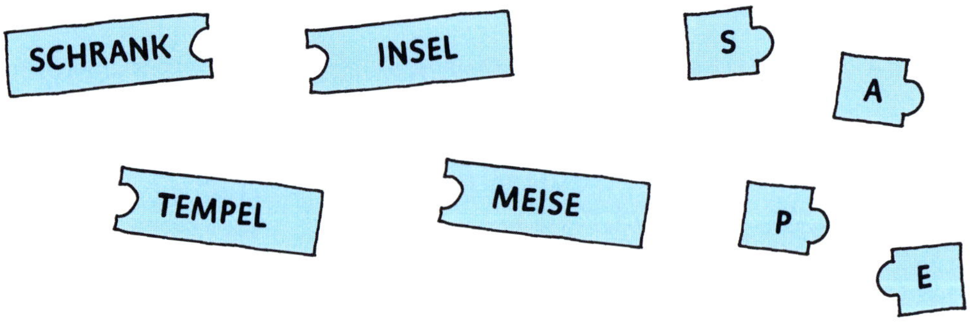

Buchstabenkekse

Das Krümelmonster hat einige Buchstabenkekse gefressen.
Kannst du die Redensarten trotzdem lesen?
Schreibe die fehlenden Buchstaben auf ein Blatt Papier.
Wie oft kann man aus diesen Buchstaben das Wort „Kekse" legen?

D–R –LÜGER– GIBT NACH.

–OMMT ZEIT, –OMMT RAT.

LÜGEN HABEN –URZ– BEIN–.

WER A –AGT, MUSS AUCH B –AGEN.

Der Anfang vom Ende

Für mindestens 2 Spieler

Ihr braucht:
→ ***Zettel, Stift***

Spielanleitung
Bei diesem Spiel nennen die Mitspieler der Reihe nach Begriffe. Dabei muss jeder Begriff immer mit dem Buchstaben beginnen, mit dem das zuletzt genannte Wort endete.

Sucht euch ein Thema aus, zum Beispiel Tiere. Ein Spieler nennt ein Tier (z. B. Giraffe). Da das Wort Giraffe mit dem Buchstaben E endet, muss der nächste Spieler ein Tier mit diesem Anfangsbuchstaben finden (z. B. Esel). Nun muss der nächste Spieler einen Tiernamen mit dem Anfangsbuchstaben L finden (z. B. Lama, Luchs etc.).

Achtung: Kein Begriff darf doppelt genannt werden. Damit ihr wisst, welche Wörter bereits genannt wurden, schreibt ihr diese auf einen Zettel.

Das Spiel endet, wenn ein Spieler kein neues Wort mit dem richtigen Anfangsbuchstaben mehr weiß oder einen Begriff nennt, der schon gefallen ist.

Wort-Bingo

Für mindestens 2 Spieler

Ihr braucht:

→ ***30 kleine Notizzettel***
→ ***ein Blatt Papier pro Spieler***
→ ***Stifte***

Spielanleitung:
Schreibt auf die Notizzettel verschiedene Wörter – pro Zettel ein Wort. Das können Substantive, Adjektive oder Verben sein.
Nun malt jeder Mitspieler ein Bingo-Spielfeld mit 16 Feldern (vier Felder lang und vier Felder breit) auf sein Blatt und trägt in jedes Feld eines der Wörter, die auf den Zetteln stehen, ein.
Jetzt legt ihr die Notizzettel verkehrt herum auf den Tisch, sodass die Schrift nicht lesbar ist. Ein Spieler deckt einen Zettel auf und liest den Begriff laut vor. Jeder schaut, ob er diesen Begriff in seinem Bingo-Spielfeld findet und kreuzt ihn an. So wird ein Begriff nach dem anderen gezogen und vorgelesen.
Wer zuerst vier Wörter senkrecht, waagerecht oder diagonal angekreuzt hat, ruft laut BINGO und hat gewonnen.

Beispiel

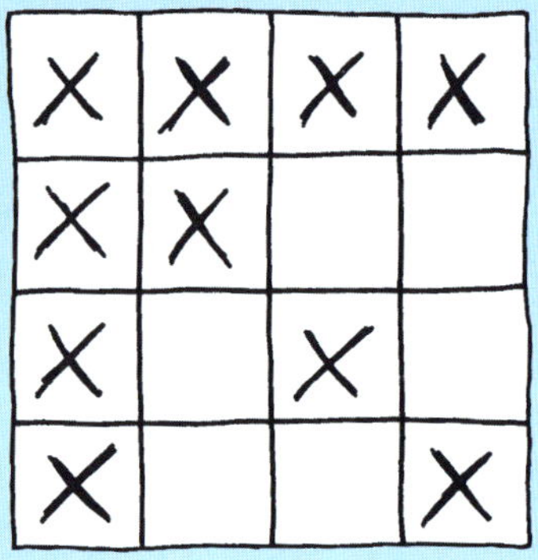

Wenn ihr die Spielzeit verkürzen möchtet, malt ihr ein Bingo-Spiel mit nur neun Feldern. Es gewinnt dann derjenige, der zuerst drei Felder senkrecht, waagerecht oder diagonal angekreuzt hat.
Für diese Spielvariante benötigt ihr nur 15 Notizzettel.

Tipp

Postkarten-Schnipselei

Welche der unten abgebildeten Bildausschnitte passen zu dem großen Bild?

A 
B 
C 
D 

E 
F 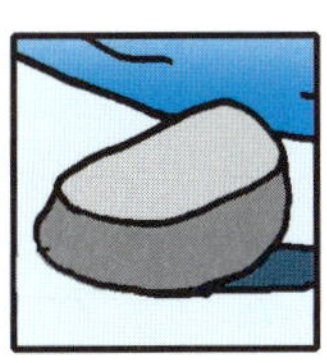
G 
H 

Turmbau

Aus wie vielen Würfeln besteht dieser Turm?
Achtung: Du kannst nicht alle Würfel sehen.

Du kannst den Turm auch mit Bausteinen nachbauen und die Steine zählen.

Tipp

Zahlen tippen

Tippe mit dem Finger die Zahlen von 1 bis 100 in der richtigen Reihenfolge an. Stoppe die Zeit. Wie lange hast du gebraucht?

34	1	45	70	17	22	6	11	30	3
13	51	60	33	43	32	46	56	80	41
8	18	83	19	71	2	42	67	47	81
29	61	21	82	37	72	20	74	12	68
52	50	91	49	84	66	73	48	94	57
23	14	25	4	15	92	10	93	31	79
86	39	85	62	88	69	38	95	40	96
53	65	64	9	36	89	5	75	78	7
26	28	35	44	63	90	99	55	58	98
100	27	24	87	16	54	76	97	77	59

Wortschnüffler

Wie oft entdeckst du das Wort „Ast“ in diesem Text?
Achtung: Das Wort kann am Anfang, am Ende oder mitten in einem anderen Wort stehen.

Jens geht mit seinem Hund Wastl, einem Mastino, spazieren. Sie gehen langsam die Straße entlang, da rast ein Lastwagen vorbei und verliert einen Teil seiner Last. Ein großer, brauner Kasten fällt herunter. „Hast du das gesehen, Wastl?“, ruft Jens. Hastig packt er Wastl am Halsband und bindet ihn an einem Kastanienbaum fest. Er zieht den Kasten zur Seite, damit kein Unfall passiert und schaut, was sich darin befindet. Ein Glastisch – fast unbeschädigt. Der Lastwagenfahrer läuft herbei und lädt Jens zum Dank für seine schnelle Hilfe auf einen Riesenteller Pasta ein. Wastl bekommt einen Plastikknochen, den er allerdings gar nicht mag und ganz schnell in einem Asternbeet vergräbt.

Was ist richtig?

Wo stimmen das Wort und die Form überein?
Versuche die Aufgabe möglichst schnell zu lösen.

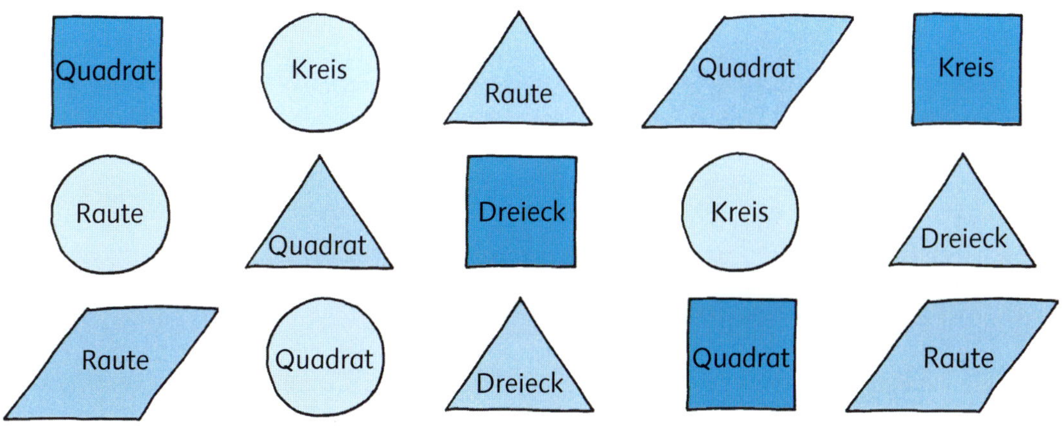

Spiegelverkehrt

Hier haben sich neun Fehler in das Spiegelbild gemogelt.
Findest du sie?

Formen-Kuddelmuddel

Wie oft findest du diese Formen ○△⌒ in dem Kasten?

Schattenbilder

Die Kuh Karla sucht ihr Schattenbild. Kannst du ihr helfen?

Leinen-Trick

Beim Spielen sind die Leinen der Hunde durcheinandergeraten. Wenn du herausfindest, welche Leine zu welchem Hund gehört, weißt du auch, wie die Hunde heißen. Verfolge die Linien nur mit den Augen.

Tippfehler

Tom hat seinen Namen ganz oft auf der Tastatur des Computers getippt. Manchmal hat er allerdings eine falsche Taste erwischt. Wie schnell findest du die Fehler? Stoppe die Zeit mit einer Stoppuhr.

TOMTOMTOMTOMTOMTOMTIMTLMTOMTOMTOMTJMTOM
TOMKTOMTOMTOMMTOKTOMTOMTOMTOMTOMTOITOM
TOMTOMTOMTOMITOMLTOMTOMTOMTOMTONTOMTOM

Perlenkunterbunt

Pia fädelt Perlen auf eine Kette auf. Sie will immer diese Reihenfolge einhalten: △□▱○
Wo stimmt die Reihenfolge nicht?

Würfelknobelei

Wenn du einen Würfel aus Papier auffaltest und das Papier flach hinlegst, erhältst du sein Körpernetz. Aus welchem dieser Netze ergibt sich beim Zusammenfalten wieder ein Würfel?

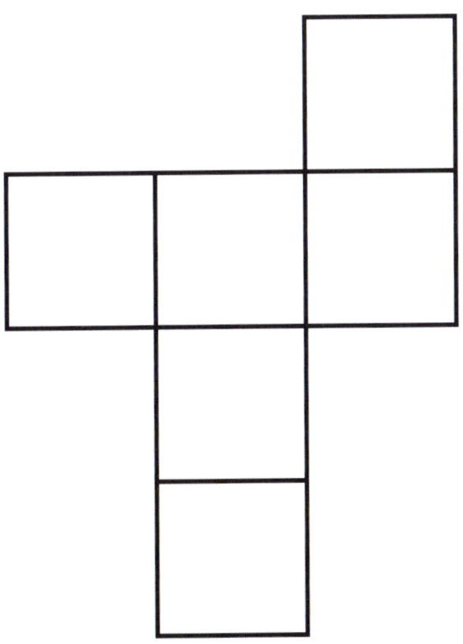

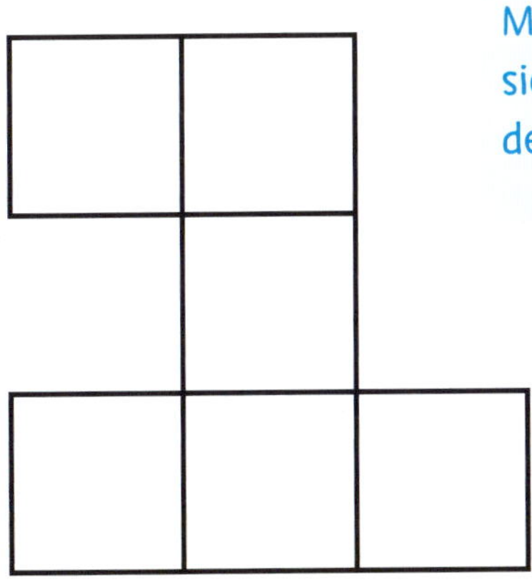

Tipp

Male die Netze ab, schneide sie aus und überprüfe deine Vermutung.

Schau genau!

Welcher Hut ist höher? Ist die Krempe des Hutes breiter als der Hut hoch ist?

Überprüfe deine Vermutung, indem du ein Lineal zur Hand nimmst. **Tipp**

Zahlenkolonnen

Welche zwei Zahlenkarten sind genau gleich?

1

11228554789632
14577411256365
89998712536458
77854123698745
63214555788999
65412223365897
41222335888965

2

11228554789632
14577411256365
89912712536458
77854123698745
63214555788999
65412223365897
41222335888965

3

11228554789632
14577411256365
89998712536458
77854123698745
63214555788999
65412223365897
41222335608965

4

11228554789632
14577411256365
89998712536458
77854123698745
63214555788999
65412223365897
41222335888965

Lauscher aufgesperrt!

Für mindestens 2 Spieler

Ihr braucht:

→ ***mehrere kleine, gleich aussehende Schachteln***
(z. B. Streichholzschachteln oder Filmdöschen)

→ ***verschiedene kleine Gegenstände***
(Steinchen, Reis, Pfefferkörner, Sand, Watte, Papierschnipsel, Murmeln, Perlen, Geldstücke, Holzstückchen, Büroklammern, Reißzwecken, Salz, Lego-Teile ...)

Spielanleitung:
Füllt immer in zwei Schachteln oder Döschen das gleiche Material und verschließt das Behältnis.

Stellt alle Schachteln auf den Tisch und versucht durch Schütteln herauszufinden, welche zusammengehören. Wer hat als Erstes ein Paar entdeckt?

Wenn ihr zu Spürhunden werden wollt, könnt ihr das Ganze auch mit Düften machen. Dann einfach immer einen Wattebausch mit etwas Duftendem (z. B. Rasierwasser, Zitronensaft, Essig, Aromaöl, Zimt) bestreuen oder beträufeln und in die Schachtel legen. Nun könnt ihr mit geschlossenen Augen die Paare erschnüffeln. **Tipp**

Fühl mal!

Für mindestens 2 Spieler

Ihr braucht:

→ ***einen Beutel oder eine Stofftasche, mehrere kleine Gegenstände***
(Lego-Steine, Playmobil-Männchen, Kerzenstummel, Schlüssel, Murmel, Würfel, Spielstein, Batterie, kleiner Gummiball, Stift, Gummiband, Radiergummi, Haarband, Kamm, Stofftier, Wattebausch, Nudel, Nuss …)
Achtung: Achtet bei der Auswahl der Gegenstände darauf, dass ihr euch daran nicht verletzen könnt!

Spielanleitung:
Legt alle Gegenstände in den Beutel. Nun greift der erste Spieler hinein und tastet mit geschlossenen Augen einen ab. Wenn er errät, was er in der Hand hält, darf er den Gegenstand behalten. Nun geht es reihum weiter, bis nichts mehr im Beutel ist.
Wer zum Schluss die meisten Gegenstände hat, gewinnt.

Variante für Profis:
Schneidet aus dicker Pappe verschiedene Formen aus und legt diese in den Beutel.
Wer erkennt die Formen richtig?

Schwieriger wird es, wenn man nicht weiß, was sich in der Tasche befindet.
Tipp

DENKSPIELE

Überführt

Anton hat sich aus der Bücherei
ein Buch geliehen und es am Montag nach vier
Wochen zurückgebracht. Am Dienstag kommt
er wieder in die Bücherei und erklärt, dass er zwischen den
Seiten 17 und 18 einen 5-Euro-Schein im Buch vergessen hat.
Der Bibliothekar muss sich das Buch noch nicht einmal
ansehen um zu wissen, dass Anton nicht die
Wahrheit sagt. Woher weiß er das?

Nimm ein Buch zur Hand und schau nach, wo der Schein liegen würde.

Tipp

Wiegerätsel

Anna hat neun Würfel. Einer davon ist etwas schwerer als die anderen. Sie legt als Erstes drei Würfel auf jede Seite der Balkenwaage. Zwei Wiegedurchgänge reichen ihr, um herauszufinden, welches der schwerere Würfel ist.
Wie macht sie das?

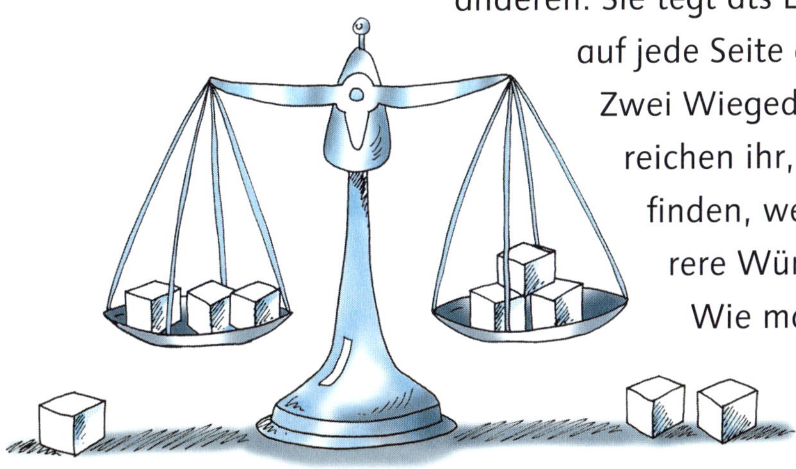

Streichholzrätsel

Ordne acht Streichhölzer wie im Bild unten an.
Lege drei Hölzer so um, dass die
Spitze der Figur in die andere
Richtung zeigt.

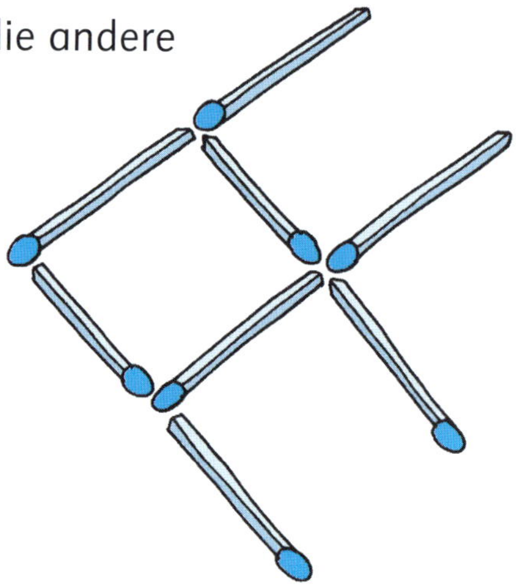

Tauschgeschäft

Kevin und Mark sammeln Briefmarken. Kevin sagt zu Mark: „Wenn du mir eine von deinen Briefmarken abgibst, haben wir gleich viele."

„Aber wenn du mir eine Briefmarke gibst, habe ich doppelt so viele wie du", antwortet Mark.

Wer hat wie viele Briefmarken?

Milchumschüttung

Bauer Anton soll 4 Liter Milch abliefern. Er hat einen 10-Liter-Eimer voll Milch. Außerdem hat er einen leeren 5-Liter-Eimer und einen leeren 3-Liter-Eimer. Wie kann er 4 Liter abmessen?

Passwort bitte!

Die Ritter Hinz, Kunz und Franz wollen zu einem Turnier auf die Burg Adlerfels. Am Burgtor stellen sie fest, dass man hier immer ein Passwort nennen muss, um eingelassen zu werden. Sie beobachten die anderen Leute. Der Torwächter sagt: „Hund und Schnauze. Mensch und ...?" Eine Frau antwortet „Nase" und wird eingelassen.

Der Wächter sagt zu Hinz: „Katze und Kralle. Mensch und ...?"
Zu Kunz sagt er: „Löwe und Mähne. Mensch und ...?"
Und zu Franz sagt er: „Hase und Löffel. Mensch und ...?"

Was müssen die drei antworten, um in die Burg zu gelangen?

Elefantenmarsch

Im Zirkus geht ein Elefant vor zwei anderen Elefanten in der Manege her. Ein Elefant geht zwischen zwei Elefanten und ein Elefant geht hinter zwei Elefanten.
Wie viele Elefanten sind in der Manege?

Münzenschieberei

Aus diesem Dreieck mit neun Münzen soll ein Quadrat werden.
Achtung: Du darfst nur zwei Münzen verschieben.

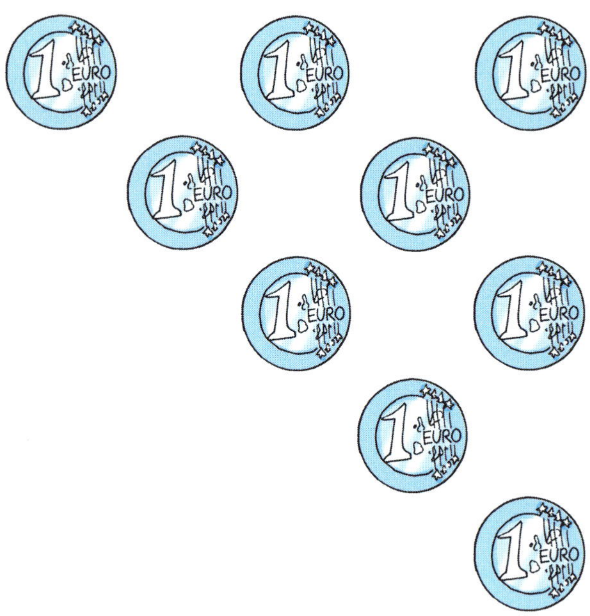

Nimm neun gleich große Münzen und probiere es aus.
Tipp

Tantchen gesucht

Mara hat vier Tanten. Eine davon ist ihre Lieblingstante Xenia. Findest du heraus, welche der Tanten Xenia ist?

Xenia trägt ein gepunktetes Kleid.
Die Lieblingstante hat einen Hut auf dem Kopf.
Sie hat eine gerade Anzahl Punkte auf dem Kleid.
Xenia trägt keine Brille.

Gefräßige Bande

Max möchte einen Fluss überqueren und hat einen großen Käse, eine Maus und eine Katze dabei. Ins Boot passen nur Max und der Käse oder Max mit einem der Tiere. Solange Max dabei ist, passiert niemandem etwas, doch wenn sie alleine gelassen werden, frisst die Maus den Käse und die Katze die Maus. Wie kann Max alles heil ans andere Ufer bringen? Wie viele Überfahrten sind dazu nötig?

Hasenpfote unterwegs

Hase Hoppel muss durch das Labyrinth, um zu seiner Karotte zu kommen. Er darf sich nur waagerecht oder senkrecht (nicht diagonal) fortbewegen und unterwegs nicht die Richtung ändern, bis er auf einen Pfeil oder ein Herz stößt. Kommt er zu einem Pfeil, muss er in Pfeilrichtung gehen, bei einem Herz darf er die Richtung frei wählen. Welcher Weg führt zur Karotte?

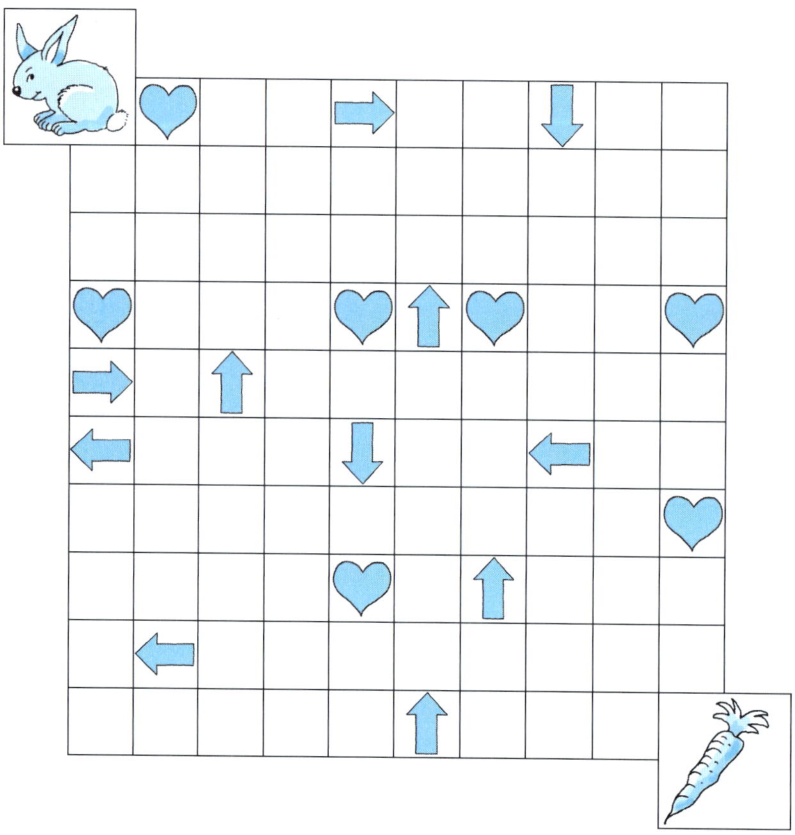

Einrad-Rekord

Vier Kinder versuchen mit ihren Einrädern auf einer Linie entlangzufahren. Anna schafft es weniger lang als Simon und Marc. Simon kommt schneller von der Linie ab als Marc, aber nicht so schnell wie Nina. Wer bleibt am längsten auf der Linie?

Magische Männchen

Schneide aus Papier ein Quadrat aus (etwa 12 cm mal 12 cm) und unterteile es so wie in der Abbildung unten. Schneide die einzelnen Teile aus. Kannst du die beiden tanzenden Männchen rechts nachlegen?

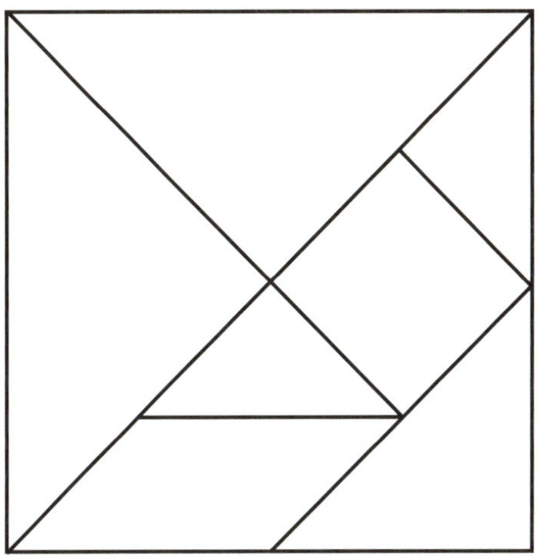

Farbenspielerei

Die Mutter bittet Lotte, in der Speisekammer drei grüne Paprikas zu holen. In der Speisekammer funktioniert das Licht nicht.
Lotte weiß aber, dass in der Kiste acht grüne, fünf gelbe und zwei rote Paprikas liegen. Wie viele Paprikas muss Lotte nach oben tragen, damit auf jeden Fall drei grüne dabei sind?

Geschenke-Rätsel

Jana, Elias, Sonja und Felix schenken je einer Person einen Gegenstand. Übertrage die Tabelle unten auf ein Blatt. Lies die fünf Aussagen und finde heraus, welches Kind welcher Person welchen Gegenstand geschenkt hat.

1. Jana hat entweder ihren Onkel oder ihre Tante beschenkt.
2. Elias hat eine Vase verschenkt.
3. Sonjas Tante hat sich über die Blumen gefreut.
4. Felix hat etwas für seinen Vater ausgesucht.
5. Der Gutschein wurde von einem Mädchen verschenkt.

	Blumen	Vase	Gut-schein	Kerze	Tante	Onkel	Vater	Mutter
Jana								
Elias								
Sonja								
Felix								

Feurige Knobelei

Für mindestens 2 Spieler

Ihr braucht:

→ ***drei Streichhölzer pro Spieler***

Spielanleitung:

Alle Spieler setzen sich an den Tisch. Jeder versteckt die Hände unter dem Tisch und nimmt in die rechte Hand so viele seiner drei Streichhölzer, wie er möchte, eins, zwei, drei oder auch keins. Nun legen alle Mitspieler ihre rechte Hand auf den Tisch. Es soll erraten werden, wie viele Streichhölzer alle Spieler zusammen in der Hand haben.

Alle geben reihum ihren Tipp ab. Dann wird nachgeschaut. Wer richtig getippt hat, darf eins seiner Streichhölzer weglegen.

Wer zuerst keine Streichhölzer mehr hat, hat gewonnen.

Achtet darauf, wie viele Hölzchen jeweils im Spiel sind.

Tipp

Schiffe versenken

Für 2 Spieler

Ihr braucht:

→ ***zwei Blatt kariertes Papier pro Spieler***

→ ***Stifte***

Spielanleitung:

Zeichnet auf jedes der Blätter einen Spielplan wie unten angegeben. Nun trägt jeder Spieler seine Schiffe in einen Plan ein. Die Schiffe können waagerecht und senkrecht eingezeichnet werden, sie dürfen sich aber nicht berühren.

Jeder versucht nun, die Schiffe des Gegners zu treffen. Markiert Einschläge des Gegners auf dem eigenen Spielplan und Einschläge beim Gegner auf dem anderen. Auch wenn nicht getroffen wurde, solltet ihr das kennzeichnen.

Gewinner ist, wer als Erster alle gegnerischen Schiffe versenkt hat.

	A	B	C	D	E	F	G	H	I	J	
1											1
2											2
3											3
4											4
5											5
6											6
7											7
8											8
9											9
10											10
	A	B	C	D	E	F	G	H	I	J	

Diese Schiffe stehen jedem zur Verfügung:

4 Minensucher

4 Fregatten

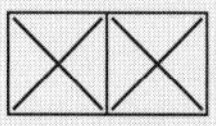

2 Kreuzer

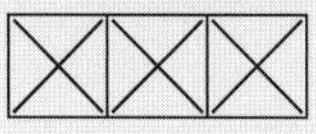

2 Schlachtschiffe

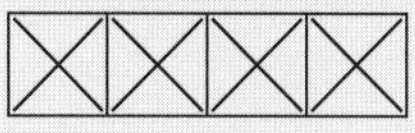

GEDÄCHTNISTRAINING

Kofferpacken

Schau dir die Bilder an und decke sie dann ab. Schreibe auf ein Blatt Papier die Gegenstände, die du dir gemerkt hast.

Ellenlange Namen

Die Freunde von Häuptling Schlauer Fuchs haben sehr lange Namen. Präge sie dir ein, klappe das Buch zu und schreibe sie auf ein Blatt. Hast du alle Namen noch gewusst?

Häuptling Kichererbsenbrei-mit-Tomatensoße-auf-dem-Kopf
Häuptling Der-sich-im-Sand-mit-dem-Wüstenhund-wälzt
Squaw Schlank-wie-eine-Gazelle-und-schnell-wie-der-Wind
Squaw Mit-vielen-Sommersprossen-im-Gesicht-und-langem-Haar

Bildermemo

Schau dir die Tabelle genau an und präge dir die Bilder ein. Klappe dann das Buch zu und male eine Tabelle mit 4 x 4 Feldern auf ein Blatt. Schreibe in jedes Feld, was dort hingehört.

Gut gemerkt Teil 1

Präge dir die Adressen gut ein. Gehe dann zu Seite 44.
Kannst du die Fragen beantworten?

Lisa Fröhlich
Schillerstraße 48
20095 Hamburg

Franz Schmidt
Gartenstraße 13
80333 München

Ute Müller
Bahnhofstraße 41
10115 Berlin

Thomas Schwarz
Tulpenweg 5
51105 Köln

Ganz ordentlich Teil 1

Udo ist sehr ordentlich und alle seine Bücher müssen immer am selben Platz im Regal stehen. Präge dir gut ein, wo welches Buch steht, und blättere dann auf die Seite 42.

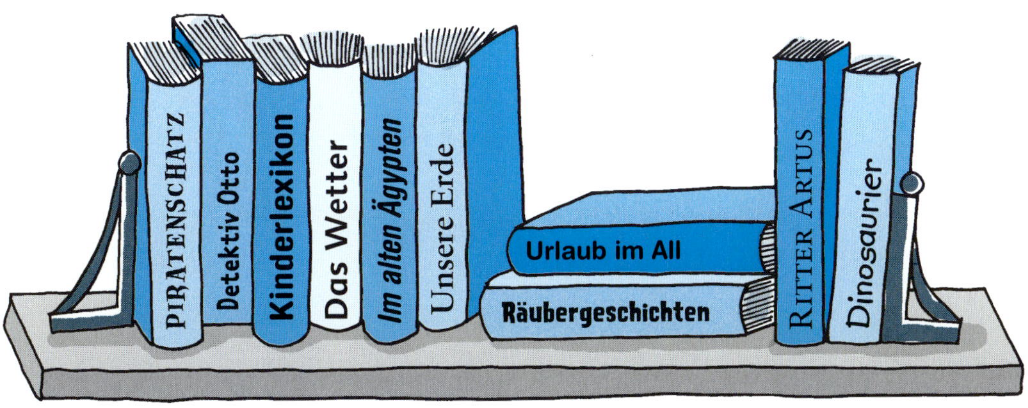

Superhirn!

Präge dir die Hobbys der Kinder gut ein. Decke dann die Liste ab. Kannst du die Hobbys richtig wiedergeben?

Bert: Badminton
Lina: Lesen
Rita: Reiten
Hannes: Hockey
Felix: Fußball
Carsten: Computerspielen
Timo: Turmspringen
Veronika: Voltigieren

Viele Geschenke

Sarah hat zum Geburtstag tolle Geschenke bekommen. Sie hat sich aufgeschrieben, welches Geschenk von wem war. Lies die Liste einmal aufmerksam durch und decke sie dann ab.

Onkel Heino: Inliner
Oma Grete: Pullover
Tante Karin: Buch
Opa Alfons: Sporttasche
Cousine Nicky: Computerspiel
Patentante Ann: Ballettschuhe

Am nächsten Tag besucht Sarah ihre Patentante Ann, um sich für das Geschenk zu bedanken. Was hat Sarah von ihr bekommen?

Kopfkino

Lena war mit ihren Freunden im Kino. Präge dir ein, wer wo saß. Klappe das Buch zu und schreibe die Namen richtig angeordnet auf ein Blatt.

Bilderrätsel Teil 1

Schau dir dieses Bild genau an und blättere dann auf die Seite 43 des Buches.

Ganz ordentlich Teil 2

Udos Bruder Lars hat sich drei Bücher ausgeliehen und sie an die falsche Stelle zurückgestellt. Weißt du, welche es sind?

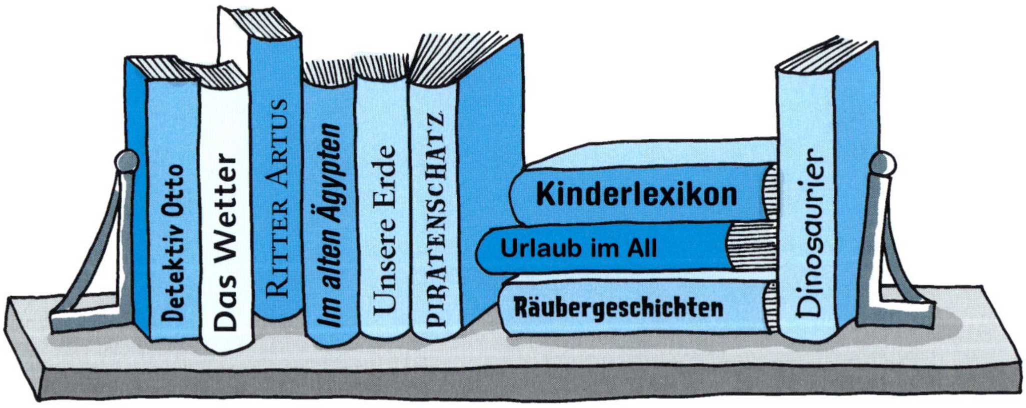

Familienbande

Lies den Text aufmerksam durch, decke ihn dann mit einem Blatt Papier ab und beantworte die Fragen unten.

Carl ist neun, er ist das jüngste von vier Geschwistern. Sein ältester Bruder Tobias ist 21 Jahre alt und wohnt in Bonn. Sein zweitältester Bruder heißt Sven und ist 14. Mit ihm spielt Carl gerne Fußball, Hockey oder Schach. Beim Schach gewinnt meistens Sven. Seine Schwester Helena ist nur zwei Jahre älter als Carl, sie erzählt die besten Witze und kann die Stimme von Tante Trude genau nachmachen. Allerdings macht sie Ballett, das findet Carl langweilig.

1. Wie viele Geschwister hat Carl?
2. Wie heißt Carls Tante?
3. Was spielt er gern mit Sven?
4. Wo wohnt Tobias?
5. Wie alt ist Helena?

Zauberspiegel

Luke hat ein beschriebenes Blatt vor den Zauberspiegel gelegt. Decke das Blatt links ab und schaue die spiegelverkehrten Wörter an. Der Zauberspiegel hat drei Wörter verändert. Findest du sie?

Ball	Reh	Drachen
Linse	Wolke	Feuer
Apfel	Schnee	Bad
Tee	Bär	Holz
Wecker	Buch	Gras
Regal	Spitzer	Heft
Sieb	Gnu	Fluss

Drachen	Reh	Ball
Feuer	Wolke	Linse
Bett	Schnee	Apfel
Holz	Bär	Tee
Glas	Bauch	Wecker
Heft	Spitzer	Regal
Fluss	Gnu	Sieb

Bilderrätsel Teil 2

Hier sind acht Dinge anders als auf dem Bild von Seite 41. Findest du die Unterschiede?

Gut gemerkt Teil 2

1. In welcher Stadt lebt Lisa Fröhlich?
2. Wer wohnt in der Bahnhofstraße 41?
3. Wie heißt Herr Schwarz mit Vornamen?
4. In welcher Straße wohnt Franz Schmidt?

Gutes Gedächtnis

Victor muss sich keine Telefonnummern aufschreiben – er kann sich diese merken. Du auch?
Lies die Namen und die Telefonnummern. Decke nun die Liste ab und sieh dir die Nummern auf den drei Abbildungen an. Weißt du, wer gerade anruft?

Klaus: 1288772
Ali: 7412347
Vassily: 2585412
Sabine: 8723471
Vermieter: 3725789
Oma Alma: 6911478

1 2585412

2 6911478

3 1288772

Wo liegt was?

Für 2 Spieler

Ihr braucht:
→ ***ein Kartenspiel***
→ ***ein Blatt Papier***
→ ***zwei Stifte***

Spielanleitung:
Setze dich deinem Partner gegenüber. Nimm aus dem Kartenspiel fünf Karten und lege sie verdeckt in einer Reihe vor dir aus. Nun werden die Karten aufgedeckt. Schreibe die Reihenfolge der Karten auf den Zettel, während dein Mitspieler sich die Lage der Karten einprägt. Dann werden die Karten wieder umgedreht.

Nun fragst du deinen Mitspieler, wo eine bestimmte Karte liegt. Wenn er auf die richtige Karte zeigt, bekommt er einen Punkt. Wurde falsch geraten, wird die Karte wieder umgedreht. Nach fünf Fragen endet die Runde und es wird gewechselt.

Wer nach drei Runden die meisten Punkte hat, gewinnt.

Blick ins Zimmer

Für mindestens 2 Spieler

Ihr braucht:
→ ***Papier***
→ ***Stifte***

Spielanleitung:
Geht in ein Zimmer eurer Wahl und seht euch genau um. Versucht euch möglichst viele Gegenstände einzuprägen. Nach einer Minute geht ihr aus dem Zimmer. Ein Spieler bestimmt einen Buchstaben. Nun nimmt jeder ein Blatt Papier und notiert alle Gegenstände, die sich in dem Raum mit diesem Anfangsbuchstaben befinden. Wer hat sich die meisten Gegenstände gemerkt? Zum Schluss wird überprüft, ob die Gegenstände im Zimmer zu finden sind.

Was fehlt?

Für 2 Spieler

Spielanleitung
Wähle aus einem Memory-Spiel fünf bis zehn Karten mit unterschiedlichen Motiven aus. Lege sie vor deinem Mitspieler aus. Wenn er sich die Karten eingeprägt hat, nimmst du sie auf die Hand und legst eine weg. Die übrigen Karten legst du wieder offen aus. Dein Partner muss nun das fehlende Bildmotiv nennen. Schafft er es, bekommt er einen Punkt. Dann wird gewechselt. Wer nach fünf Runden die meisten Punkte hat, gewinnt.

RECHENSPORT

Zahlenlabyrinth

Raupe Rudi Rosenblatt darf nur Zahlenfelder betreten, deren Zahlen durch 9 teilbar sind. Er darf sich nur waagerecht und senkrecht fortbewegen. Wie kommt er zu seinem Lieblingsblatt?

8	32	15	56	40	72
42	60	28	90	18	36
35	81	45	63	25	7
21	9	16	48	64	24
27	54	46	14	6	50

Überprüfe die Teilbarkeit durch 9 mit der Quersumme.

Tipp

Fehl am Platz

Welche Zahl passt nicht in die Reihe?

a) 18 36 45 27 ~~55~~ 9
b) 42 ~~48~~ 14 21 35 28
c) 96 48 70 84 36 60

Rechenzeichen gesucht

Welche Rechenzeichen fehlen? Schreibe die Aufgaben mit den richtigen Rechenzeichen (+, –, x oder :) auf ein Blatt Papier.

a) 6 ☆ 8 ☆ 35 ☆ 56 = 27

b) 28 ☆ 35 ☆ 7 ☆ 48 = 57

c) 43 ☆ 37 ☆ 6 ☆ 64 = 100

Verzwickte Rechenrätsel

1. Robin hat auf dem Flohmarkt drei Tage lang seine alten Spielsachen verkauft und hat insgesamt 247 Euro eingenommen. Am ersten Tag waren 58 Euro in seiner Kasse. Am zweiten Tag kamen 97 Euro dazu. Wie viel Geld hat er am dritten Tag verdient?

2. Stefan, Anne und Lisa bauen Türme aus Bauklötzen.
Stefans Turm ist 3 cm niedriger als der von Lisa, aber 5 cm höher als der von Anne. Wer hat den höchsten Turm gebaut?

3. Bert sagt: „Ich habe für die Hausaufgaben in Mathe nur 10 Minuten und 20 Sekunden gebraucht."
Chris prahlt: „Da war ich schneller, ich habe nur 700 Sekunden gebraucht."
War Chris wirklich schneller?

Rechne alle Zeitangaben in Sekunden um.

Tipp

Zahlenriesen – Zahlenzwerge

Rechne die Aufgaben und ordne die Ergebnisse der Größe nach. Beginne mit dem kleinsten Ergebnis.

a) siebenundachtzig minus dreiundzwanzig
b) achthundertachtundzwanzig plus neunzehn
c) dreizehn mal fünf
d) neunhundertneunundneunzig geteilt durch neun

Zahlenspielerei

Weißt du, welche Zahlen in den blauen Feldern fehlen?

18	x	2	=	36
+		+		–
	–	12	=	
=		=		=
	–		=	26

Sammelfieber

Marc sammelt Matchboxautos. Er schreibt auf, wie viele er schon hat. Wenn er von dieser Zahl 50 subtrahiert, das Ergebnis halbiert, danach 25 addiert und dieses Ergebnis durch 3 teilt, erhält er 15.
Wie viele Matchboxautos hat Marc?

Tipp Rechne vom Ergebnis aus rückwärts.

Fortsetzung folgt

Kannst du die Zahlreihen fortsetzen? Finde in jeder der vier waagerechten Reihen jeweils die nächsten drei Zahlen.

9	18	27	36	45
13	25	37	49	61
3	6	12	24	48
545	530	515	500	485

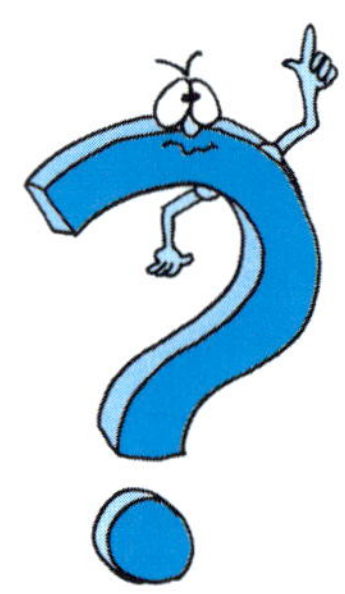

Unpassend

In jedem Kasten befindet sich eine Aufgabe, die nicht zu den anderen passt. Welche ist es?

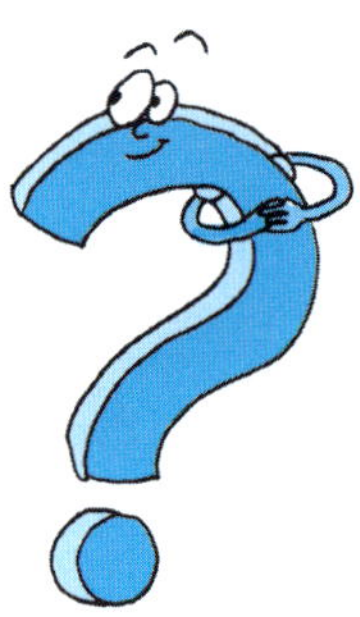

a)
5 x 5
100 : 4
204 – 179
19 + 7

b)
124 : 2
14 + 48
118 – 55
18 + 44

Volle Einkaufskörbe

Pit und Paul waren einkaufen. Wer hat weniger Geld ausgegeben? Rechne im Kopf.

Pit	**Paul**
3,50 Euro	2,70 Euro
2,20 Euro	3,50 Euro
7,80 Euro	8,00 Euro
5,30 Euro	5,10 Euro
0,80 Euro	0,90 Euro
3,20 Euro	1,20 Euro
1,40 Euro	2,10 Euro

Würfelglück

Jana und ihre Freunde würfeln. Hier siehst du die Augenzahlen, die sie mit ihren Würfeln erreicht haben. Wer hat insgesamt die höchste und wer die niedrigste Punktzahl gewürfelt?

Kurt

Jana

Ralf

Sandra

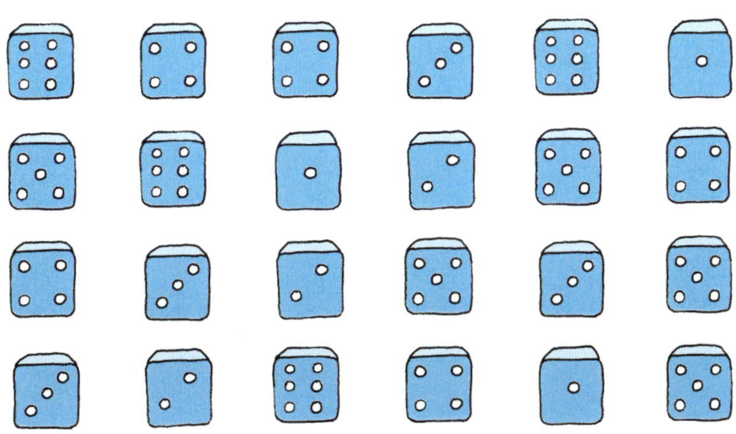

Deutschlandreise

Vom Norden Deutschlands bis zum Süden sind es 874 Kilometer. Wie lange brauchst du zu Fuß für diese Strecke, wenn du jeden Tag 23 Kilometer zurücklegst?

Wie lange brauchst du, wenn du diesen Weg mit dem Fahrrad fährst und täglich die doppelte Strecke zurücklegst?

Zusammenführung

Immer drei Zahlen, aus jedem Kasten eine, ergeben zusammen eine sinnvolle Additionsaufgabe.
Schreibe die vier Rechenaufgaben auf ein Blatt Papier.

37		444		414
59	+	66	=	139
240		80		103
321		174		765

Maßarbeit

Thomas ist ein Morgenmuffel. Damit er nur ja nicht zu früh aufsteht, stoppt er die Zeit für alles, was er morgens tut.

Zähneputzen: 2 Minuten 10 Sekunden
Waschen: 4 Minuten 20 Sekunden
Anziehen: 3 Minuten 30 Sekunden
Frühstück: 6 Minuten 30 Sekunden
Schulweg: 5 Minuten 30 Sekunden

Die Schule beginnt um 7.20 Uhr. Wann muss Thomas aufstehen?

Zahlenrätsel

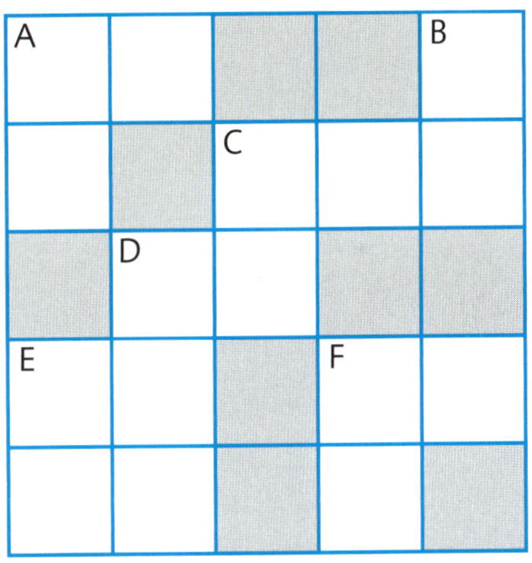

Kannst du dieses Zahlenrätsel lösen?
Male 5 x 5 Kästchen auf ein Blatt Papier und trage die Lösungen ein. In jedem Feld steht eine Ziffer. In die grauen Felder wird nichts eingetragen.

senkrecht
A 9 x 9
B verdopple 35
C 100 : 4
D 254 - 72
E 6 Wochen = ? Tage
F vervierfache 15

waagerecht
A 4 x 22
C 4 Stunden = ? Minuten
D 3 x 5
E 2 Tage = ? Stunden
F 26 + 43

Welche Zahl fehlt?

In diesem Zahlenfeld fehlt eine Zahl. Findest du heraus, welche es ist?

10	20	28	30
3	5	8	12
7	15	20	?

Zahlenrätsel

Sieh dir die Wolken genau an und merke dir, welcher Buchstabe für welche Zahl steht. Decke nun die Wolken ab und rechne die Aufgaben im Kopf.

A = 1

B = 6

C = 9

D = 3

E = 5

a) A + E = ______

b) C – B = ______

c) E + D + ______ = C

d) AE – C = ______

e) D x D = ______

f) AE : ______ = E

Rechentrio

Für mindestens 2 Spieler

Ihr braucht:
→ ***36 gleich große Zettel*** (z. B. Notizzettel)
→ ***Stifte***

Vorbereitung:
Schreibt auf zwölf Karten jeweils eine Zahl im Zahlenraum bis 100. Das sind die Ergebniskarten. Überlegt euch zu jedem Ergebnis zwei passende Rechenaufgaben (Additions-, Subtraktions-, Multiplikations- oder Divisionsaufgaben). Notiert jede Aufgabe auf einer Karte. Auf diese Weise stellt ihr zwölf Trios her.

Spielanleitung:
Die Karten werden gemischt und jeder Spieler erhält zu Beginn drei Karten, die restlichen Karten kommen verdeckt auf einen Stapel. Der jüngste Spieler beginnt. Er muss aus seinen Handkarten eine Ergebniskarte ablegen. Hat er keine, nimmt er eine Karte vom Stapel. Wenn es eine Ergebniskarte ist, legt er sie ab. Dann ist der nächste Spieler dran. Liegt eine Ergebniskarte in der Mitte, kann er eine passende Rechenaufgabe darunterlegen oder eine neue Ergebniskarte danebenlegen. Kann er keine Karten legen, zieht er eine und darf diese legen, wenn sie passt. So geht es reihum. Ist der Stapel aufgebraucht, wird mit den restlichen Karten weitergespielt. Legt jemand eine Karte falsch an, muss er sie wieder aufnehmen und eine Karte vom Stapel ziehen. Wer als Erster alle Karten abgelegt hat, gewinnt.
Achtung: Hat ein Spieler zu Beginn ein Trio (Ergebniskarte und zwei passende Rechenaufgaben) auf der Hand, kann er diese zusammen auslegen, wenn er dran ist, und gewinnt das Spiel!

Stopp bei 66

Für mindestens 2 Spieler

Ihr braucht:
→ ***drei Würfel***
→ ***Blatt und Stift***

Spielanleitung:
Ziel des Spiels ist es, die Zahl 66 zu erwürfeln oder so nah wie möglich heranzukommen. Es wird immer mit drei Würfeln gewürfelt. Die Ergebnisse aller Würfe werden zusammengezählt. Jeder Spieler kann selbst entscheiden, wie oft er würfeln möchte. Das Würfelergebnis darf die Zahl 66 aber nicht überschreiten, sonst scheidet der Spieler aus.
Ihr würfelt reihum. Nach dem ersten Wurf wird das Ergebnis aufgeschrieben. Nach jedem weiteren Wurf wird die gewürfelte Augenzahl dazugerechnet und notiert, damit jeder Spieler immer weiß, wie hoch sein Würfelergebnis insgesamt schon ist. Wenn kein Spieler mehr weiterwürfeln will, vergleicht ihr die Würfelergebnisse. Derjenige, der am nächsten an der 66 ist, hat gewonnen.

Spielvariante:
Der Spieler, der gerade würfelt, kann bei all seinen Würfen die Augen geschlossen halten und die Mitspieler zählen die Punkte zusammen. Hierbei muss der Würfler nach „Bauchgefühl" entscheiden, wie oft er würfeln möchte, weil er ja nicht weiß, wie hoch sein Punktestand schon ist. Zum Schluss wird verglichen, wer mit seinen Blindwürfen am nächsten an der Stoppzahl angelangt ist. Diese Variante funktioniert aber nur, wenn alle Mitspieler ehrlich zueinander sind.

WORTKNOBELEIEN

Abc-Regen

In jedem Regentropfen befindet sich ein Buchstabe des Alphabets. Aber einer fehlt. Weißt du, welcher es ist?

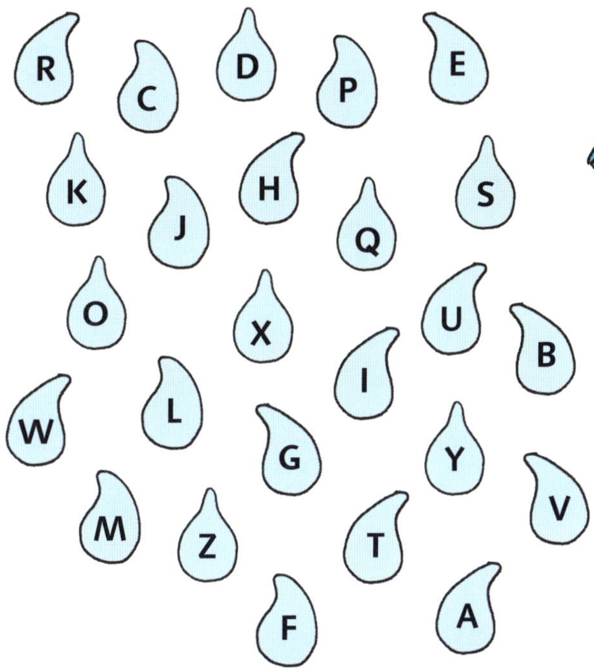

Verkehrt herum

Wenn du manche Wörter rückwärts liest, entstehen neue sinnvolle Wörter. Finde mindestens sechs dieser Wörter!

Beispiel: L e b e n – N e b e l

Wortsuche

Bilde aus den Buchstaben jedes Wortes möglichst viele neue Wörter mit mindestens drei Buchstaben. Schreibe die Wörter auf ein Blatt Papier.

1. Seife
2. Telefon
3. Himbeere

Was passt zu uns?

Welche Wortendung fehlt? Finde für jede Reihe nur eine Wortendung, sodass immer vier neue Wörter entstehen.

R _ _ _ _   Gl _ _ _ _   Pr _ _ _ _   Schn _ _ _ _

Kr _ _ _   F _ _ _   D _ _ _   B _ _ _

Buchstabenmix

Bilde aus den Buchstaben in beiden blauen Feldern jeweils mindestens vier neue Wörter. Jedes Wort darf aus höchstens fünf Buchstaben bestehen.

Max Schusselig

Max ist auf dem Weg zur Schule. Er hat zu Hause aber einige wichtige Dinge vergessen. Welche das sind, erfährst du, wenn du die Wörter entschlüsselst.

Vorwärts und rückwärts

Manche Wörter kannst du vorwärts und rückwärts lesen, aber es bleibt immer das gleiche Wort. Wie viele solche Wörter fallen dir ein? Schreibe sie auf ein Blatt Papier.

Beispiele: **OTTO** **TAT**

Suchsel

Im Buchstabengitter sind senkrecht, waagerecht und diagonal zehn Tiere versteckt. Achtung: Die Wörter können auch rückwärts (von rechts nach links) zu lesen sein. Schreibe die Wörter auf ein Blatt Papier.

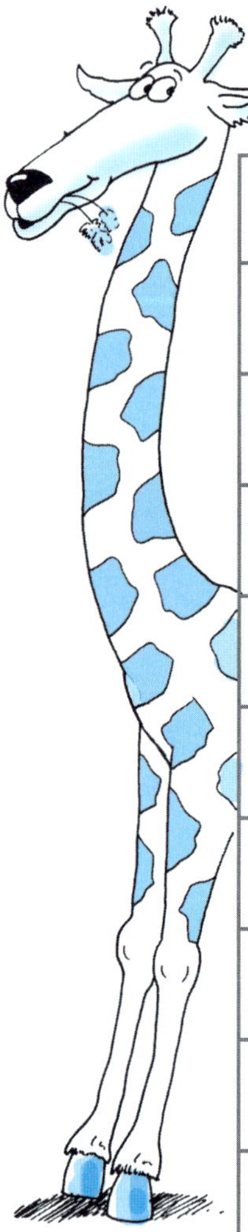

K	Q	R	I	A	F	G	Z	X	B	Z	A
P	Ü	W	J	H	R	Z	Z	M	Ö	E	G
U	C	N	L	Ö	W	E	O	Z	K	L	L
M	V	W	T	E	I	B	L	G	R	E	Y
A	N	A	S	H	O	R	N	P	O	F	H
F	I	X	N	Z	C	A	S	Ü	K	A	B
A	L	J	I	T	Y	V	M	L	O	N	T
D	P	E	A	O	I	K	N	N	D	T	Y
W	F	R	S	F	G	L	Z	U	I	T	T
A	E	V	D	R	A	P	O	E	L	N	M
B	R	D	H	J	K	L	M	P	N	O	P
U	D	A	R	E	F	F	A	Z	E	Y	X

Rebus-Rätsel

Welche drei Wörter werden hier gesucht? Die Zahlen verraten dir, welche Buchstaben du verwenden musst.

Neue Wörter

Welche Begriffe sind hier gemeint? Immer zwei Bilder ergeben ein Wort. Setze sie richtig zusammen.

Wortverwandlung

Verwandle die Wörter jeweils in drei Schritten in das neue Wort. Ersetze von Zeile zu Zeile immer nur einen Buchstaben, sodass wieder ein sinnvolles Wort entsteht. Schreibe die Wörter und die Zwischenschritte auf ein Blatt Papier.

Nase	Kanne	Wand
Dose	Sonne	Mund

Nimm zwei!

Was gehört hier zusammen? Bilde aus den Wörtern in der linken und der rechten Spalte zehn neue zusammengesetzte Wörter. Jedes Wort darf nur einmal verwendet werden.

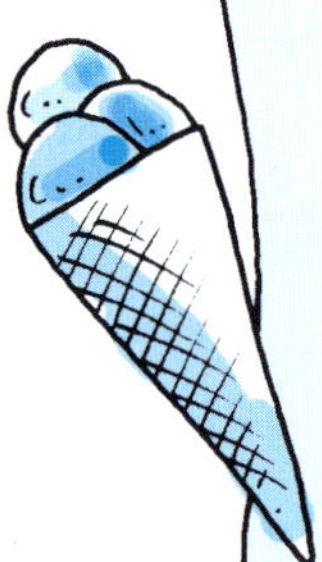

Auto
Gewitter
Schnee
Eis
Wasser
Gold
Blitz
Finger
Hunde
Arm

Becher
Leine
Reifen
Flocke
Wolke
Licht
Ball
Band
Fisch
Nagel

Schüttelwörter

Hier ist einiges durcheinandergeraten! Bilde aus den Buchstaben auf jedem Wäschestück ein neues Wort. Achtung: In dem neuen Wort müssen alle Buchstaben vorkommen.

Immer der Reihe nach!

Wie viele Wörter stecken – von links nach rechts gelesen – in diesen Wörtern? Schreibe alle Wörter auf ein Blatt Papier.

1. Autoradio
2. Marmeladenglas
3. Taschengeld
4. Kaffeetasse

Wortgiraffe

Schreibe das Wort G I R A F F E von oben nach unten auf ein Blatt Papier. Finde zu jedem Buchstaben des Worts ein Tier, das mit dem Buchstaben beginnt.
Achtung: Jeder Tiername muss mindestens fünf Buchstaben enthalten.

Ausreißer

In jeder Reihe passt ein Wort nicht zu den anderen.
Findest du die Ausreißer?

- Tanne – Ahorn – Eiche – Linde – Buche – Tisch
- Schal – Mantel – Bikini – Stiefel – Handschuhe – Mütze
- Leopard – Nashorn – Löwe – Antilope – Hund – Zebra
- Spanien – Ungarn – China – Italien – Polen – Dänemark

Teekesselchen

Für mindestens 4 Spieler

Spielanleitung

Bildet zwei Gruppen. Die Spieler der einen Gruppe denken sich einen Teekesselchen-Begriff aus, also ein Wort, das zwei verschiedene Bedeutungen hat. Abwechselnd geben die beiden den anderen Mitspielern Hinweise zu ihrem Teekesselchen. Diese versuchen herauszufinden, welches Wort gemeint ist.

Beispiel:

Das Teekesselchen ist „Boxer". Damit kann eine Hunderasse oder ein Sportler gemeint sein. Ein Mitspieler fängt an: „Mein Teekesselchen hat vier Beine." Der andere sagt: „Mein Teekesselchen hat zwei Beine." Nach dieser ersten Runde versucht die andere Gruppe nun, das Teekesselchen zu finden. Gelingt dies nicht, erhalten sie in der zweiten Runde wieder zwei Tipps usw.

Beispiele für Teekesselchen:

Pflaster (Straßenbelag/Verbandmaterial)
Flügel (Musikinstrument/Körperteil des Vogels)
Bank (Sitzmöbel/Geldinstitut)
Ball (Spielball/Fest)
Drache (Fabeltier/Fluggerät)
Tor (große Tür/Tor beim Fußball)
Schloss (großes Gebäude/Türschloss)
Nadel (zum Nähen/Teil eines Baums)
Dame (Frau/Brettspiel)
Birne (Obst/Glühbirne)
Hahn (männliches Huhn/Wasserhahn)
Pony (Stirnhaare/kleines Pferd)

Wörterketten

Für mindestens 2 Spieler

Spielanleitung

Ein Kind nennt ein Wort, das aus zwei Namenwörtern besteht, zum Beispiel „Haustür“. Das nächste Kind bildet mit dem zweiten Wortteil ein neues Wort, zum Beispiel „Türschlüssel“. Das Grundwort wird dabei zum Bestimmungswort. Wie lang wird eure Wörterkette?

Das Abc-Spiel

Für mindestens 2 Spieler

Spielanleitung

Überlegt euch ein Oberthema, zum Beispiel „Mädchennamen“. Versucht nun zu jedem Buchstaben des Alphabets einen Mädchennamen zu finden: Alexandra, Beate, Christine … Wechselt euch dabei ab. Wenn einem Spieler zu einem Buchstaben kein passender Begriff einfällt, scheidet er aus. Wer als Letzter übrig bleibt, gewinnt.

Weitere Beispiele für Themen:

Jungennamen	Flüsse
Nachnamen	Gemüse- und Obstsorten
Tiere	Bäume / Pflanzen
Städte	Tunwörter
Länder	Berufe

ZAHLENKNOBELEIEN

Gesucht – gefunden

Welche Zahlen werden hier gesucht?

- Wie viel ist das Doppelte der Hälfte von 4?
- Wie viel ist das Fünffache vom Doppelten von 927 – 427?
- Welche Zahl ist halb so groß wie die Hälfte von 4 x 12?

Magisches Quadrat

Welche Zahlen fehlen im magischen Quadrat? Die Zahlen in jeder Reihe, senkrecht, waagerecht und diagonal, sollen die gleiche Summe ergeben.

Alle Zahlen von 1 bis 9 dürfen jeweils nur einmal vorkommen.

	1	
7		3
2		4

Wie geht es weiter?

Kannst du die Zahlenreihen fortsetzen? Finde zu jeder Reihe die nächsten drei Zahlen.

3	6	8	11	13	?
6	4	7	5	8	?
2	4	8	10	20	?
2	7	11	16	20	?
3	9	4	12	7	?

Um die Ecke gedacht

Hier musst du ganz genau nachdenken. Kannst du die Aufgaben lösen?

Sarahs Vater ist dreimal so alt wie Sarahs fünf Jahre älterer Bruder Kai. Sarah ist zehn Jahre alt. Wie alt ist der Vater?

In zwei Jahren ist Svens Mutter dreimal so alt wie Svens große Schwester Marie. Sven ist drei Jahre jünger als Marie und zwei Jahre jünger als der Bruder Paul. Paul ist 15 Jahre alt. Wie alt ist die Mutter heute?

Knobel-Ei

Frau Schmatz kocht sich jeden Sonntag ein Frühstücksei.
Es dauert 9 Minuten, bis das Ei hart ist. An diesem Sonntag hat Frau Schmatz Besuch von ihrer Schwester Anna mit ihren drei Kindern. Jeder möchte ein hart gekochtes Ei zum Frühstück.
Wie lange dauert es, bis alle fertig sind?

Schneckentempo

Die Schnirkelschnecke Rosi kriecht über den Waldweg zur Wiese.
Dort wartet Schnirkelschnecke Rudi auf sie.
Rosi ist 48 cm von Rudi entfernt. In 3 Minuten kriecht sie 16 cm.
Wie lange braucht Rosi, bis sie bei Rudi ist?

Die Schnecke Carlo ist im Gemüsegarten unterwegs.
Hungrig, wie er ist, hat er es auf einen Salatkopf abgesehen.
Der Salat ist 25 cm entfernt.
In einer Stunde kriecht Carlo 3 m weit.
Wie lange braucht er, bis er den Salat erreicht?

Rechne zuerst die Meter in Zentimeter um. Rechne dann eine Stunde in Minuten um. **Tipp**

Mini-Sudoku

Welche Zahlen fehlen hier? In jeder Zeile und in jeder Spalte der beiden Quadrate müssen die Zahlen 1 bis 4 stehen. Aber in keiner Zeile und Spalte darf eine Zahl doppelt vorkommen.

	4		
			3
1		2	

1			
	2		
		3	
	4		

Endstation

In der Buslinie 10 sitzen sechs Fahrgäste. Der Bus hält am Schwimmbad, dort steigen zwei Personen aus. An der nächsten Station steigt niemand aus, dafür steigen drei Leute zu. Eine Station vor der Endstation steigt eine Mutter mit ihrem Kind aus. Die nächste Station ist die Endstation. Wie viele Personen befinden sich dort noch im Bus?

Rechenprofi

Lies dir die Aufgaben gut durch und finde die Lösungen.

- Verdopple die Zahl 20 und teile das Ergebnis durch 5. Addiere 2 und du hast die gesuchte Zahl gefunden!
- Gesucht wird eine gerade Zahl zwischen 10 und 30. Wenn du diese beiden Zahlen addierst und durch 4 teilst, liegst du nur zwei Zahlen unter der gesuchten Zahl.
- Teile die Zahl 100 durch 4 und addiere zum Ergebnis 3. Subtrahiere 14 und du hast die gesuchte Zahl gefunden.

Zahlenmauer

Auf der Zahlenmauer fehlen einige Zahlen. Findest du heraus welche? Die Summer zweier Steine ergibt immer den darüberliegenden Stein.

Im alten Ägypten

Forscher haben in einer Pyramide Malereien gefunden. Jedes Symbol steht für eine Zahl. Finde die gesuchten Zahlen und löse die Aufgaben. Achtung: Alle Zahlen sind kleiner als 10.

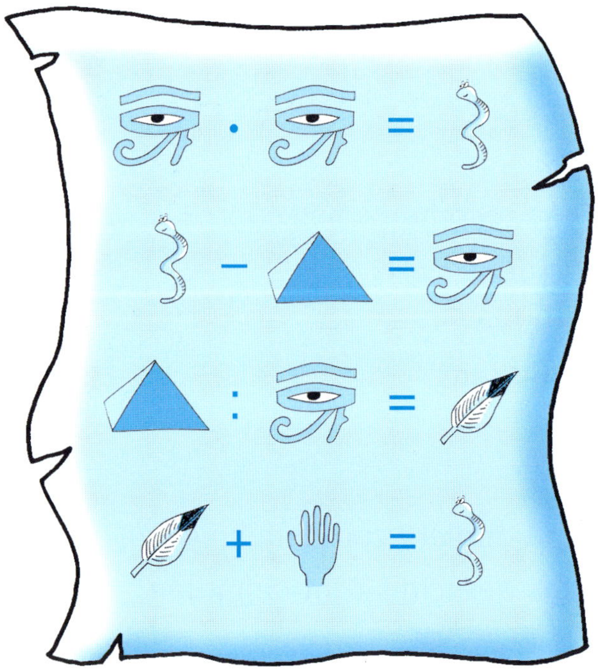

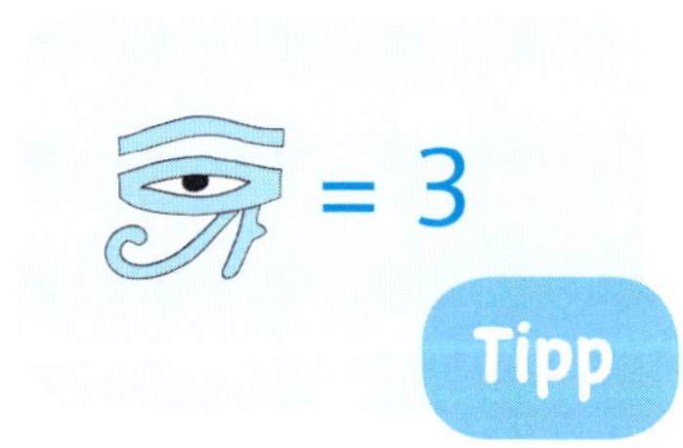

Hier fehlt doch was!

Welche Rechenzeichen (+ oder –) fehlen bei den Aufgaben?

35 ☐ 13 ☐ 12 ☐ 17 ☐ 11 = 42

6 ☐ 9 ☐ 9 ☐ 5 ☐ 8 = 27

1000 ☐ 2000 ☐ 1000 ☐ 500 ☐ 1000 = 3500

Ausreißer

In jeder Reihe passt eine Zahl nicht zu den anderen.
Welche ist es?

Zahlen-Geheimschrift

Jedes Zeichen steht für eine Zahl. Jede Zahl am Rand ist die Summe einer Reihe. Welche Zahl fehlt in dem leeren Kästchen?

Die Zeichen stehen für Zahlen zwischen 1 und 12.

Tipp

Schokoriegel-Rätsel

Vanessa und Johannes haben sich von ihrem Taschengeld Schokoriegel gekauft.
Vanessa sagt zu Johannes: „Wenn du mir einen deiner Schokoriegel schenkst, habe ich genauso viele wie du.“ Johannes antwortet: „Und wenn du mir einen deiner Schokoriegel gibst, habe ich doppelt so viele wie du.“ Wie viele Schokoriegel hat jedes Kind?

Die gesuchten Zahlen liegen nur zwei Zahlen auseinander und sind beide ungerade.

Tipp

Welche Zahl fehlt?

In diesem Feld fehlt eine Zahl.
Findest du heraus, welche es ist?

9	6	3	7	
5	2	0	1	1
4	4	3	6	7

Kniffliges Münzen-Sudoku

Für 1 bis 2 Spieler

Ihr braucht:

→ ***16 Münzen*** (1 Cent, 2 Cent, 5 Cent, 10 Cent, von jeder Sorte vier Stück)

Spielanleitung

Male ein Spielfeld wie in der Abbildung auf ein Blatt Papier. Verteile die Münzen so auf die Felder, dass waagerecht, senkrecht und in jedem der vier größeren Quadrate nur eine Münze von jeder Sorte liegt. In jedem Feld darf nur eine Münze liegen.

Rechenkönig

Für mindestens 2 Spieler

Spielanleitung

Stellt euch gegenüber voneinander auf. Der jüngere Mitspieler beginnt und stellt dem anderen eine kurze Rechenaufgabe, die er im Kopf lösen kann. Er muss so schnell wie möglich das Ergebnis sagen. Ist es richtig, stellt er nun dem anderen Spieler eine Rechenaufgabe. Wechselt euch ab und versucht möglichst schnell zu sein. Wer ein falsches Ergebnis nennt verliert.
Wenn ihr mehr als zwei Spieler seid, stellt euch im Kreis auf. Der jüngste Spieler beginnt wieder. Wer ein falsches Ergebnis nennt, scheidet aus. Wer zuletzt übrig ist, gewinnt.

Zahlenpaare verbinden

Für 2 Spieler

Ihr braucht:

→ ***ein weißes Blatt Papier,***
→ ***2 Stifte***

Spielanleitung

Schreibt die Zahlen von 1 bis 20 jeweils zweimal verteilt auf das Blatt. Ihr versucht abwechselnd, zusammengehörende Zahlen mit einem Strich zu verbinden. Wichtig: Es darf keine Linie überkreuzt werden! Für jedes verbundene Paar gibt es einen Punkt. Wer hat am Ende die meisten Punkte?

BILDERRÄTSEL

Doppelt gemoppelt

Jedes Bild ist hier zweimal vorhanden, nur eines nicht.
Weißt du welches es ist?

Optische Täuschung

Welche der beiden Linien ist länger?

Welcher Innenkreis ist größer?

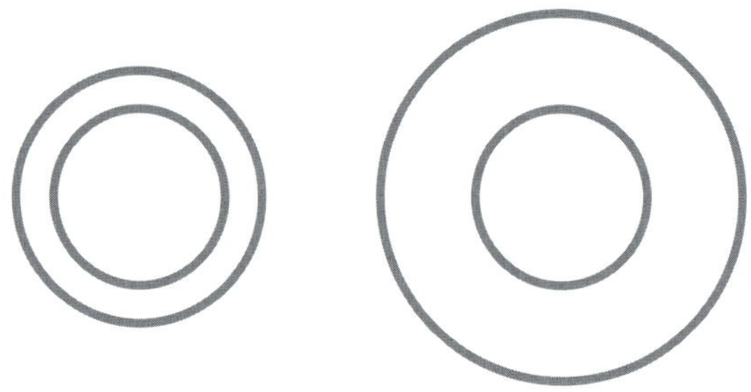

Die schwarze Katze

Nur eines dieser Schattenbilder passt zu der Katze. Findest du es?

Klecksels Kleckseleien

Karl Klecksel ist zufrieden, er hat das Bild des berühmten Malers Hugo van Pinsel perfekt kopiert. Aber nur fast! Denn Karl entdeckt bei genauem Hinsehen zehn kleine Fehler. Siehst du sie?

Aufgepasst!

Sieh dir das Bild 30 Sekunden lang an. Präge dir alles genau ein. Dann decke das Bild ab und beantworte die Fragen.

1. Mit welchem Fuß schießt das Mädchen den Ball?
2. Wie viele Bälle sind auf dem Bild zu sehen?
3. Welche Zahl steht auf dem T-Shirt des Jungen?
4. Welches Muster hat die Hose des Mädchens?
5. Steht das Mädchen rechts oder links?

Hier fehlt doch was!

In jeder Reihe fehlt ein Symbol. Welches ist es?

1. 

2. 

3. 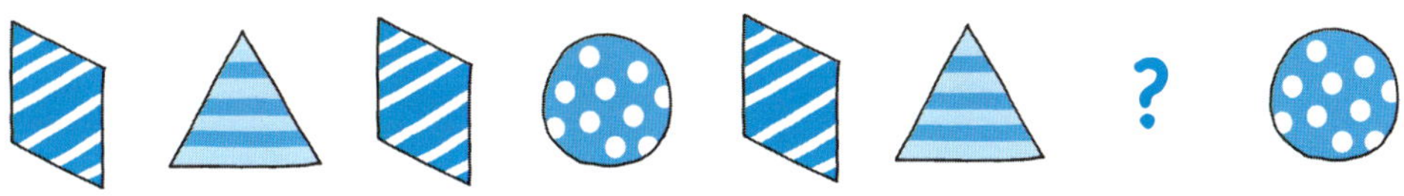

4. 

Schachtelfiguren

Wie viele Quadrate siehst du auf dem linken Bild und wie viele Dreiecke auf dem rechten?

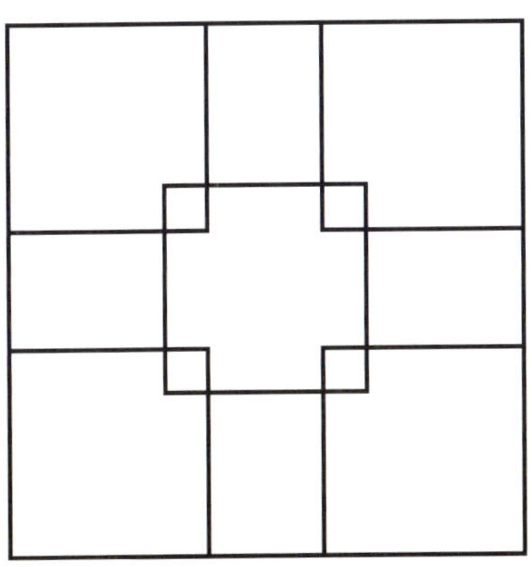

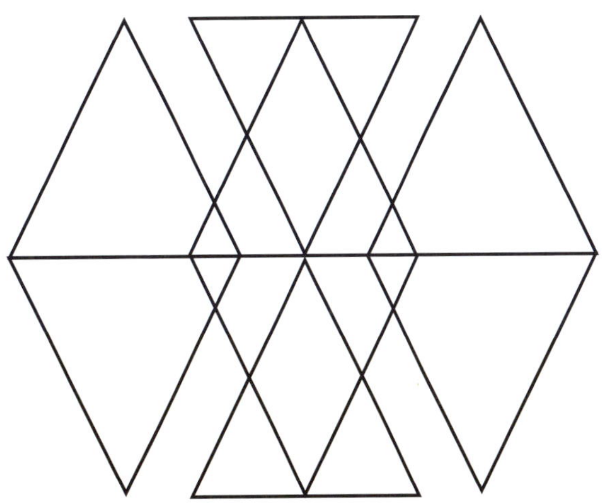

Schau genau!

In jeder Reihe kommt ein Symbol nur einmal vor. Welches ist es?

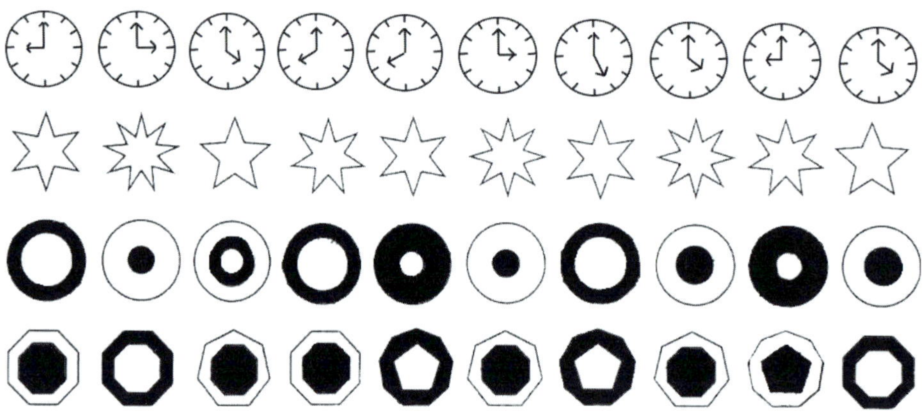

Groß und klein

Welches der Dreiecke rechts ist genauso groß wie das linke?

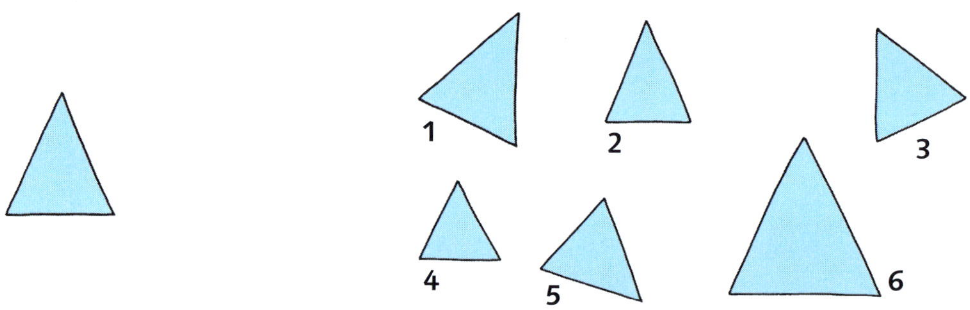

Welcher der Pfeile rechts ist genauso groß wie der Pfeil links?

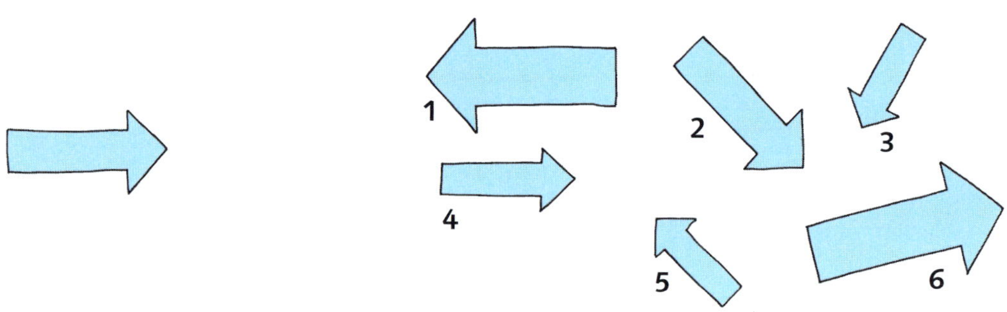

Schwarz und Weiß

Welche Reihe sieht genauso aus
wie die erste Reihe?

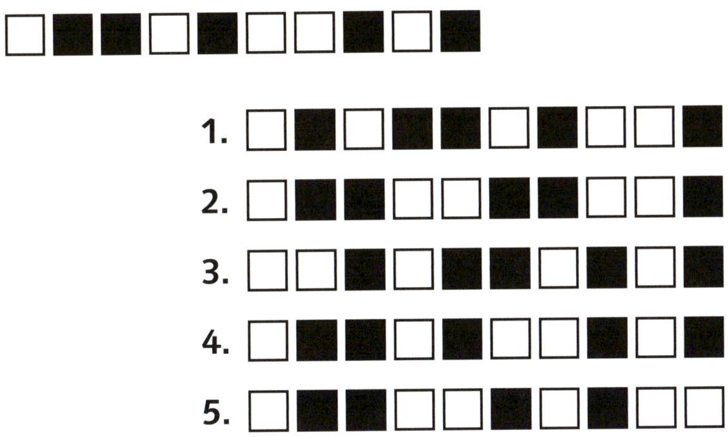

Differix

Findest du das Bild links in der Reihe daneben wieder?
Es ist jeweils nur einmal vorhanden.

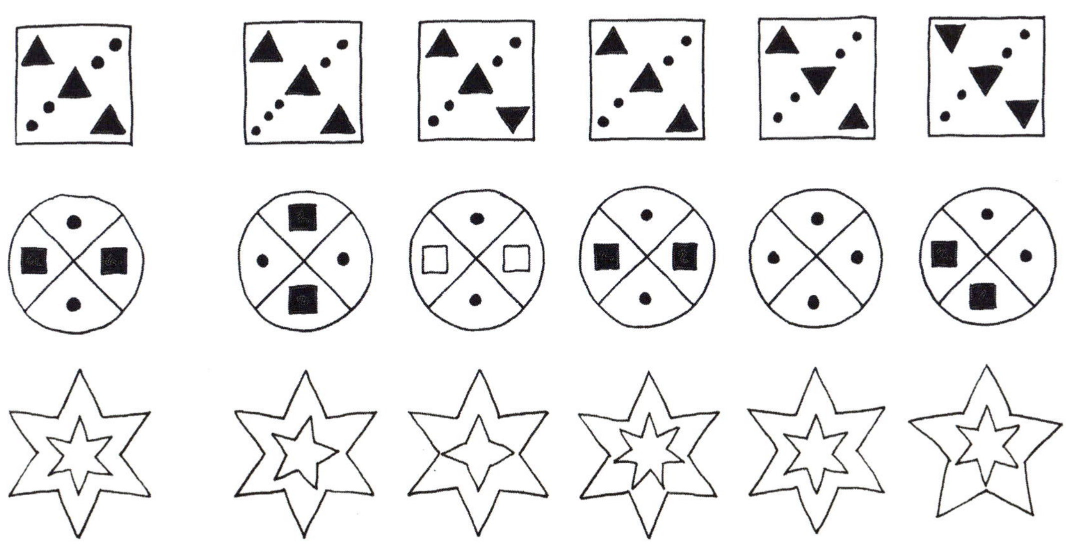

Was gehört zusammen?

Welche beiden Bildhälften gehören zusammen?

Wünsch dir was!

In manchen Nächten kann man viele Sternschnuppen am Himmel sehen. Welche kleinen Sternschnuppen stimmen ganz genau mit der großen überein?

Ich sehe was, was du nicht siehst

Für mindestens 2 Spieler

Spielanleitung
Der jüngste Spieler beginnt. Er sucht sich einen Gegenstand in der Umgebung aus und nennt die Farbe, die der Gegenstand hat: „Ich sehe was, was du nicht siehst und das ist …“
Nun versuchen die Mitspieler durch Fragen herauszufinden, welcher Gegenstand gemeint ist. Auf die Fragen darf nur mit „ja“ oder „nein“ geantwortet werden. Wer den Gegenstand erraten hat, darf weitermachen.

Die wundersame Verwandlung

Für 2 Spieler

Ihr braucht:
→ ***eine Uhr mit Sekundenzeiger oder eine Stoppuhr***

Spielanleitung
Stellt euch gegenüber voneinander auf. Ihr habt 30 Sekunden Zeit, euch euren Mitspieler genau anzuschauen. Versucht euch jedes noch so kleine Detail zu merken. Wenn die Zeit vorbei ist, dreht ihr euch um, sodass ihr mit dem Rücken zueinander steht.
Jeder darf nun etwas an sich verändern. Du kannst zum Beispiel eine Haarsträhne hinters Ohr schieben, einen Schuh aufmachen, einen Ärmel hochschieben oder Ähnliches. Dreht euch dann wieder um und ratet, was der andere an sich verändert hat!

Verschwindibus

Für 2 bis 4 Spieler

Ihr braucht:
→ ***Kreide***
→ ***ein Tuch,***
→ ***mehrere Gegenstände***
(zum Beispiel Stift, Stein, Tannenzapfen, Ring usw.)

Spielanleitung
Wählt einen Spielleiter aus. Dieser legt die Gegenstände auf den Tisch. Prägt euch gut ein, was alles vor euch liegt. Der Spielleiter breitet nun das Tuch über die Gegenstände. Alle Spieler halten sich die Augen zu – aber nicht blinzeln! Der Spielleiter nimmt nun einen Gegenstand vom Tisch. Jetzt dürft ihr die Augen wieder aufmachen und der Spielleiter lüftet das Tuch. Wer als Erster den fehlenden Gegenstand nennen kann, hat diese Runde gewonnen.

Ihr könnt auch in jeder Runde den Spielleiter wechseln und so viele Runden spielen, wie es Mitspieler gibt. Dann kommen alle gleich oft dran.

Tipp

SPRACHRÄTSEL

Satzbau-Meister

Bilde mit den Wörtern jeder Reihe einen Satz. Die Sätze ergeben nacheinander gelesen eine kleine Geschichte.

Rätselwörter

Hier musst du ein wenig um die Ecke denken.
Findest du heraus, welche Wörter gesucht werden?

1. blühende Pflanzen/Gefäß zum Kochen
2. afrikanische Tiere/Körperteil im Mund
3. Gegenteil von Schwarz/ein Gemüse
4. Säugetier, das im Meer lebt/Frucht mit harter Schale

Scherzfragen

Kannst du diese Fragen beantworten?

1. Was ist schlimmer als eine angebissene Birne mit einem Wurm darin?
2. Was befindet sich in der Mitte der Nordsee?
3. Welche Schlange kann am besten sehen?
4. Welches Pferd kann sehr gut schwimmen?
5. Welcher Löwe hat keine Mähne?

Wer bin ich?

Findest du heraus, welchen Beruf Paul, Katrin und Timo haben?

Paul: Ich trage einen Helm und einen blauen Anzug.
Ruft man mich an, bin ich ganz schnell da.
Mein Auto ist rot und macht „Tatütata".

Katrin: Manche Menschen kommen nicht gern zu mir.
Ich brauche oft einen Bohrer zum Arbeiten.
Wer zu mir kommt, muss den Mund weit aufmachen.

Timo: Ich bin oft ganz schmutzig.
Viele denken, dass ich Glück bringe.
Ich steige bei allen Menschen auf das Dach.

Knobelsätze

Hier stimmt etwas nicht! Kannst du die Sätze richtig aufschreiben?

- Ame lieli esta bendsim bet tger neaben teu erbü cher.
- Oftsi nddie büc hersospan nend, das ssieni chtau fhör enkann.
- Dan nis tsie amnä chst enmor gense hrm üde.

Bandwurmsätze

Kannst du den Text entschlüsseln?
Schreibe ihn richtig auf ein Blatt Papier.

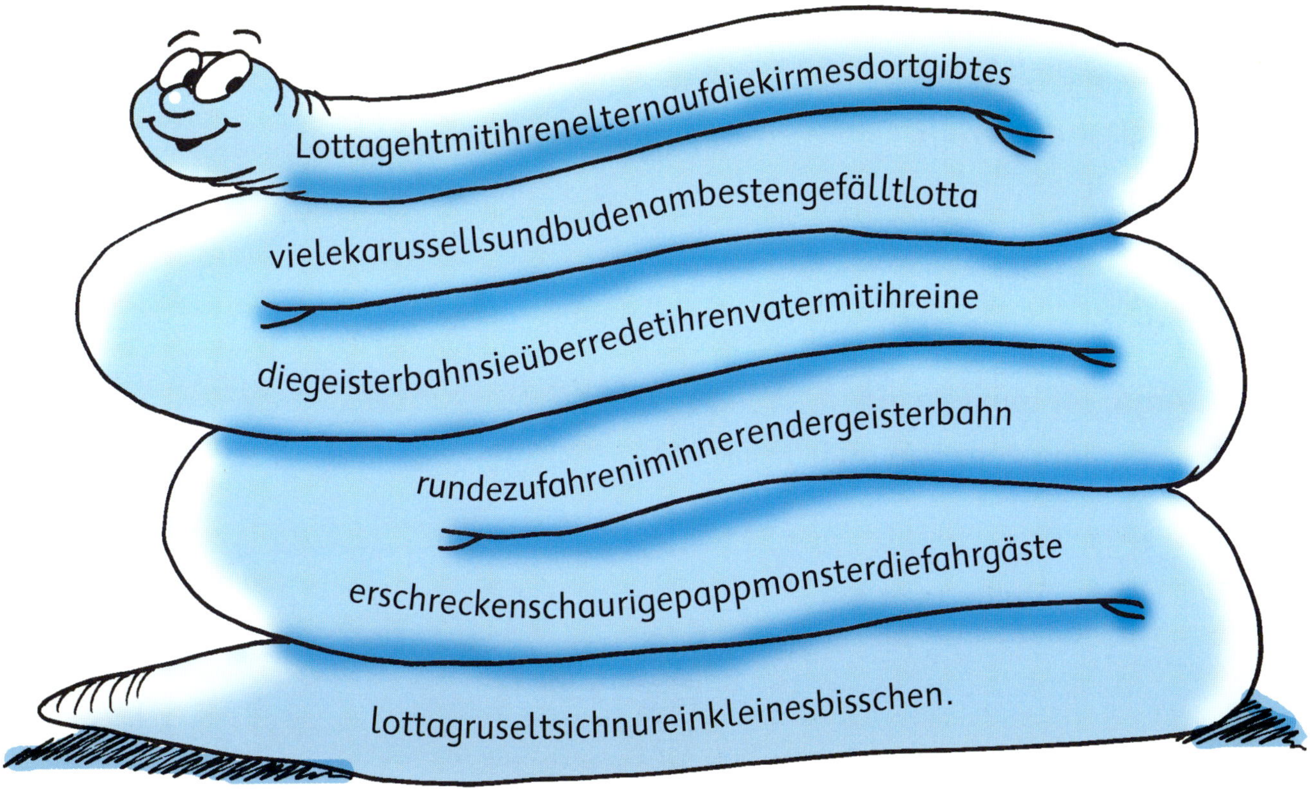

Mixmaxsprache

Verstehst du die Mixmaxsprache? Entschlüssle den Text und schreibe ihn richtig auf ein Blatt Papier.

Fledermixmaxmäuse simixmaxnd Säugemixmaxtiere, obmixmaxwohl sie wie Vömixmaxgel fliemixmaxgen könmixmaxnen. Doch im Gegenmixmaxsatz zu Vömixmaxgeln lemixmaxgen sie keimixmaxne Eimixmaxer. Fledermixmaxmäuse schlamixmaxfen am Tag und wermixmaxden erst nachmixmaxts akmixmaxtiv. Somixmaxbald es dämmixmaxmert, gehmixmaxen sie auf Nahrungsmixmaxsuche nach Inmixmaxsekten.

Streng geheim!

Max und Anja schicken sich gern
geheime Botschaften.
Findest du heraus,
was sie geschrieben haben?

Max: Usfggfo xjs vot ifvuf
Obdinjuubh cfj njs?
Anja: Jdi lpnnf vn esfj.
Jdi csjohf nfjo ofvft Tqjfm nju.

A = B,
B = C usw.
Tipp

Sprichwort gesucht

Wenn du die Wortsilben richtig zusammensetzt, erhältst du ein bekanntes Sprichwort. Schreibe das Sprichwort auf ein Blatt Papier.

Zungenbrecher

Lies jeden Satz so schnell wie möglich laut, ohne dich dabei zu versprechen.

Am Abend aß Anna alte Ananas,
alte Ananas aß Anna am Abend.

Schleimige Schnecken schleichen im Schneckentempo auf schleimigen Schneckenspuren, auf schleimigen Schneckenspuren schleichen im Schneckentempo schleimige Schnecken.

Lückenfüller

In den zwei Sätzen in einem Kasten fehlt jeweils dasselbe Wort. Finde heraus, welches Wort du einsetzen musst, damit beide Sätze einen Sinn ergeben.

> Luisa gibt heute ihr erstes Konzert am _ _ _ _ _ _.
> Der Storch breitet seine großen _ _ _ _ _ _ aus.

> Frau Meier arbeitet in einer großen _ _ _ _.
> An der grünen _ _ _ _ im Park hängt ein Schild „Vorsicht Farbe".

> Pia klebt sich ein _ _ _ _ _ _ _ _ auf den Arm.
> Die Pferdehufe klappern laut auf dem _ _ _ _ _ _ _ _.

> Die Klasse 4b besichtigt heute ein berühmtes _ _ _ _ _ _ _.
> Herr Peter öffnet das verrostete _ _ _ _ _ _ _ an seiner Kellertür.

Satzbaukasten

Bilde aus den einzelnen Buchstaben des Wortes „Hausmeister" einen lustigen Satz.

HAUSMEISTER

Heute **A**bend …

Zahlen-Geheimschrift

Jede Zahl steht für einen Buchstaben. Entschlüssle den Buchstabencode und schreibe den Text richtig auf einen Zettel. Bestimmt kannst du dann auch die Frage beantworten!

Überlege, an welcher Stelle ein Buchstabe im Alphabet steht!

Tipp

4-5-18 2-12-1-21-23-1-12 9-19-20 4-1-19
19-3-8-23-5-18-19-20-5 20-9-5-18, 4-1-19 5-19 1-21-6
21-14-19-5-18-5-13 16-12-1-14-5-20-5-14 7-9-2-20.

5-18 23-9-5-7-20 19-15 22-9-5-12 23-9-5 5-20-23-1
1600 13-5-14-19-3-8-5-14, 4-1-19 19-9-14-4
13-5-8-18 1-12-19 1000 20-15-14-14-5-14.

Wie schwer wird ein Blauwal?

Seltsame Selbstlaute

In jedem Satz fehlt ein Selbstlaut (a, e, i, o, u).
Kannst du die Sätze trotzdem lesen? Achtung: auch ä, ö, ü fehlen.

1. Zhn flißig Binchn summn jdn Fritag frch Lidr.
2. Bnte Blmen blhen in nserem bnten Blmenbeet.
3. Mjs Tnte Klr tnzt mit Thoms tglich Tngo.
4. Seben sngende Sngvögel sngen seben Lebesleder.
5. Seben dcke Dchter dchten m dchten Dckcht.

Erfinderwerkstatt

Erfinde zu jedem Buchstaben des Wortes „Stern“ einen eigenen Zungenbrecher. Jedes Wort des Zungenbrechers soll mit dem gleichen Buchstaben beginnen. Schreibe die Sätze auf ein Blatt Papier.

S sieben satte Seebären sehen sieben Salamander.
T ausend …
E
R
N

Briefpost

In diesem Brief fehlen einige Wörter. Findest du heraus, wo im Text die Wörter aus dem Kasten unten hingehören?

… Mira,
gestern waren wir am … baden. Tom und ich sind … geschwommen. Danach haben wir … gespielt. Später haben wir … . Tante Klara hatte einen … gepackt. Am … sind wir wieder nach Hause … .

Bis …, deine Anna

Abend | Volleyball | See | zuerst | gegessen | gefahren | Picknickkorb | bald | Liebe

Spaßiges Sätze-Spiel

Für 1 bis 2 Spieler

Spielanleitung
Bildet Sätze mit mindestens vier Wörtern.
Jedes Wort in einem Satz soll mit demselben Buchstaben beginnen.

Zum Beispiel:
Am Abend albert Anton. Beate braucht Butter beim Backen.

Schafft ihr es, mit jedem Buchstaben des Alphabets einen Satz zu bilden?

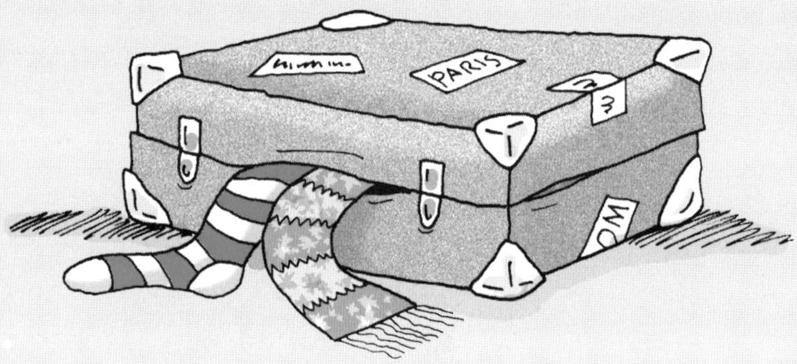

Koffer packen

Für mindestens 2 Spieler

Spielanleitung
Ein Kind beginnt das Spiel, indem es sagt: „Ich packe in meinen Koffer eine Badehose." Das nächste Kind wiederholt diesen Satz und fügt einen weiteren Gegenstand hinzu, den es in den Koffer packt: „Ich packe in meinen Koffer eine Badehose und Sonnencreme." So geht es der Reihe nach weiter. Wichtig ist, dass alle Gegenstände in der richtigen Reihenfolge aufgezählt werden. Wer bei der Aufzählung etwas vergisst oder vertauscht, scheidet aus. Wer bleibt am Ende übrig und ist damit der Sieger beim Kofferpacken?

Lang, länger, am längsten

Für mindestens 2 Spieler

Ihr braucht:
- → ***Für jedes Kind ein Blatt Papier und einen Stift***
- → ***eine Sanduhr oder eine Stoppuhr***

Spielanleitung
Das Ziel des Spiels ist es, möglichst lange Sätze aufzuschreiben. Ihr habt 30 Sekunden Zeit (oder so lange, bis die Sanduhr abgelaufen ist). Jedes Wort muss mit dem folgenden Buchstaben im ABC beginnen.
Zum Beispiel: Alle braunhaarigen Chinesen dürfen Esel füttern.

Jeder Spieler, der nach Ablauf der Zeit einen richtigen Satz aufgeschrieben hat, bekommt einen Punkt. Damit nicht jeder neue Satz wieder mit „A" anfängt, dürft ihr abwechselnd bestimmen, mit welchem Buchstaben das erste Wort des neuen Satzes beginnen soll. Wer nach fünf Runden die meisten Punkte hat, gewinnt.

Das große Zauberertreffen

Einmal im Jahr treffen sich die besten Zauberer aus Magiesia zum Zauberertreffen. Auch Heronimus der Listige ist dabei.
Welcher der Zauberer ist Heronimus?

1. Heronimus trägt einen Mantel.
2. Er hat einen langen Bart.
3. Der Zauberer neben Heronimus ist größer als er.
4. Heronimus trägt keinen Hut.

Der Kinobesuch

Die fünf Freunde Lutz, Maike, Valerie, Tobias und Kim gehen zusammen ins Kino. Sie sitzen alle in einer Reihe. Wer sitzt wo?

Valerie sitzt zwischen Kim und Maike.
Tobias sitzt neben Lutz.
Kim sitzt ganz links.
Lutz sitzt nicht neben Maike.

Streichholzrätsel

Lege 17 Streichhölzer wie im Bild unten zu sechs Quadraten. Kannst du fünf der Hölzer so wegnehmen, dass drei Quadrate übrig bleiben?

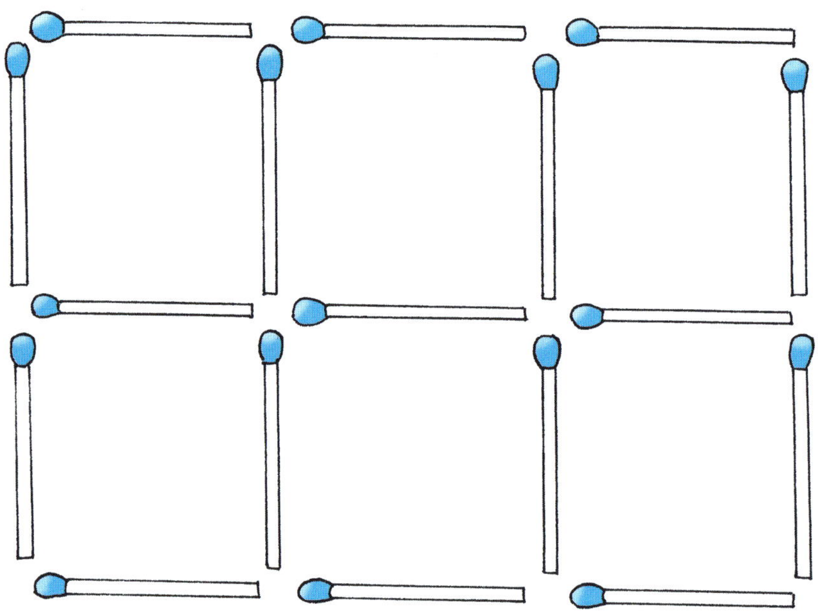

Halloweenkostüme

Die vier Nachbarskinder Willi und Billy, Max und Johannes wollen an Halloween um die Häuser ziehen. Findest du heraus, welches Kind in welchem Kostüm steckt?

1. Max mag keine Vampirkostüme.
2. Johannes' Kostüm besteht aus nur einem einzigen, langen Kleidungsstück.
3. Hinter der Monstermaske steckt nicht Max.
4. Zu Billys Kostüm gehören spitze Zähne.

Auf der Kirmes

Zwei Väter und zwei Söhne gehen gemeinsam auf die Kirmes. Jeder von ihnen schießt an einer Bude einen Stoffhasen, dennoch schießen sie insgesamt nur drei Stoffhasen. Wie kann das sein?

In der Seestraße

In der Seestraße stehen fünf Häuser. Welche Familie wohnt in welchem Haus?

Familie Wendelin wohnt nicht in der Seestraße 10.
Im mittleren Haus wohnt Familie Schwarz.
Familie Kienzle und Familie Wendelin sind Nachbarn.
Im Haus Nummer 8 wohnt nicht Familie Renner.
Der Name der Familie in Haus Nummer 2 beginnt mit K.
Familie Huber wohnt neben Familie Schwarz.

Am Flussufer

Bill und Tim stehen am Ufer eines tiefen Flusses und wollen ihn überqueren. Leider ist nur ein altes, klappriges Ruderboot da, in dem nur eine Person Platz hat. Trotzdem gelingt es Bill und Tom, den Fluss zu überqueren, ohne nass zu werden oder eine Brücke zu benutzen. Wie ist das möglich?

Drei Schwestern

Die drei Schwestern Miriam, Paula und Jenny haben ganz unterschiedliche Hobbys. Finde heraus, wie alt die Mädchen sind und wer welches Hobby hat. Zeichne dazu die Tabelle auf ein Blatt Papier und fülle sie mithilfe der Informationen aus.

	Miriam	**Paula**	**Jenny**
Alter			
Hobby			

Jenny ist zwei Jahre jünger als Paula.
Paula geht nicht zum Stepptanz.
Das zehnjährige Mädchen spielt in der Freizeit Basketball.
Miriam ist elf Jahre alt.
Jenny singt in einem Chor.

Was bin ich?

Was wird hier gesucht?

Das Erste ist kalt und weiß.
Das Zweite ist fast immer rund.
Das Dritte ist ein großer Kampf.
Gemeinsam ist's Spaß in der Winterstund'
– trotz Kälte wird dir dabei heiß.

Mustersuche

Hier wird ein ganz bestimmtes Muster gesucht. Finde mithilfe der Sätze heraus, welches das gesuchte Muster ist.

Das gesuchte Muster besteht aus Linien und Kreisen.
Das Muster hat nicht mehr als drei Kreise.
In dem gesuchten Muster liegen sich die Kreise genau gegenüber.
Die Linien in diesem Muster verlaufen nicht diagonal.

1
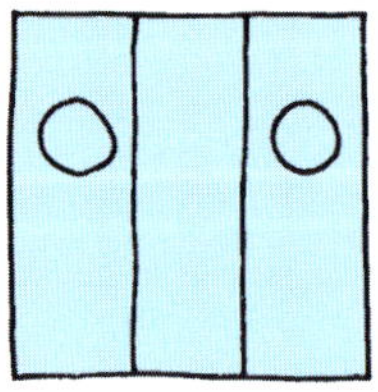

2
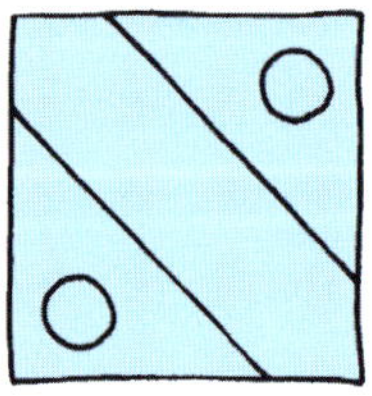

3
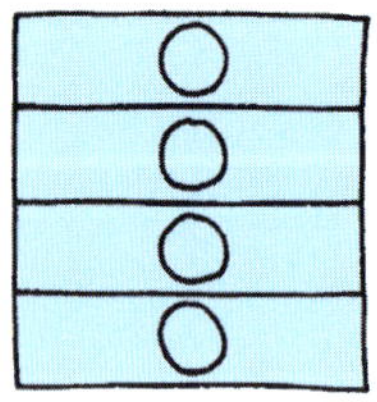

4
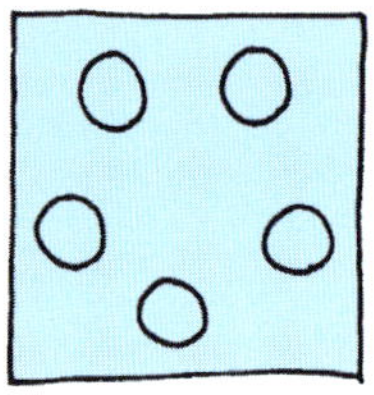

5
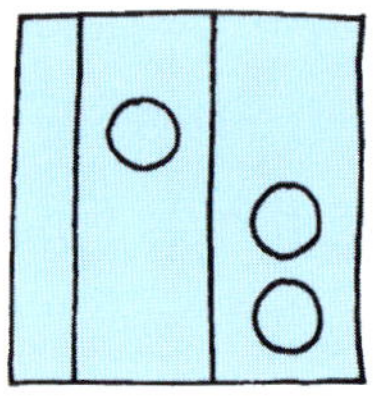

Hunde, Pfoten und Menschen

Lies dir die Aufgaben gründlich durch und finde das fehlende Wort.

Beispiel:
Hund verhält sich zu Pfote wie Mensch zu ?
Lösung: Fuß

Auto verhält sich zu Hupe wie Fahrrad zu ?
Lehrer verhält sich zu Schule wie Bäcker zu ?
Fohlen verhält sich zu Stute wie Kalb zu ?

Münzenrätsel

Lege zehn Münzen wie im Bild unten. Schaffst du es, dass die Spitze des Dreiecks nach oben zeigt?
Aufgepasst: Du darfst insgesamt nur drei Münzen verschieben.

Heute, morgen, übermorgen?

Lies dir die Aufgaben durch. Weißt du, welche Wochentage gesucht werden?

Susanne hat einen Termin beim Zahnarzt. Heute ist Mittwoch und ihr Termin ist drei Tage nach vorgestern. Wann muss Susanne zum Zahnarzt?

Frau Schusselig will mit der Klasse 3b eine Deutscharbeit schreiben. Es ist Montag und sie hat mal wieder ihren Terminkalender vergessen. Sie weiß aber noch, dass sie die Arbeit an einem Tag schreiben will, der zwei Tage vor dem Tag nach übermorgen ist.

Tim stellt seiner Schwester eine Aufgabe: „Wenn morgen Dienstag ist, welcher Tag war drei Tage vor übermorgen?"

Das Burgfräulein und die Ritter

Jeder der drei Ritter möchte in die Burg eingelassen werden und um die Hand des holden Burgfräuleins Adelheidis anhalten. Doch bevor die Zugbrücke herabgelassen wird, stellt Adelheidis den Rittern eine Aufgabe.

„So hört, werte Ritter!
Wer mir diese Aufgabe
richtig beantworten kann,
wird in die Burg eingelassen:
Ein Bauer besitzt acht Hühner.
Er hat außerdem mehrere Ziegen.
Am Neujahrsmorgen zählt
er die Beine seiner Tiere:
Es sind genau 36 Beine.
Wie viele Ziegen hat der Bauer?"

Richtig herum

Hier ist etwas durcheinandergeraten.
Kannst du die fünf Sätze in die richtige Reihenfolge bringen?

1. Annas Fahrrad kippte um und sie fiel zu Boden.
2. Gestern machte Anna eine Radtour mit ihren Eltern.
3. Zum Glück verletzte sie sich beim Sturz nicht.
4. In einer engen Kurve verlor sie das Gleichgewicht.

Nikolaus-Haus

Kannst du das Haus des Nikolaus auf einem Blatt Papier nachzeichnen? Du darfst den Stift dabei aber nicht absetzen und keine Linie zweimal zeichnen.

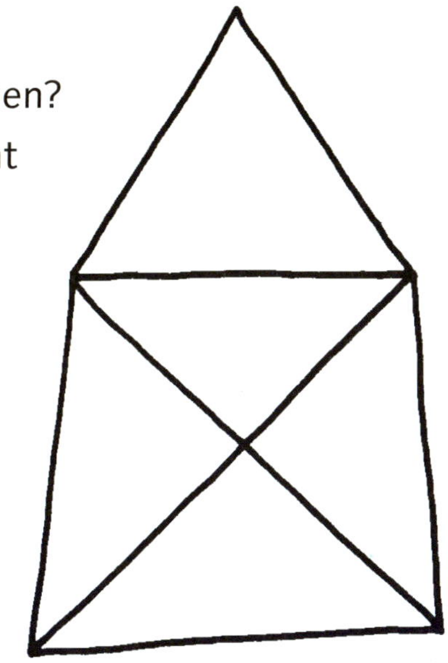

Im Quadrat

Zeichne die Abbildung unten auf ein Blatt Papier. Du kannst sie auch einfach durchpausen oder kopieren. Finde einen Weg entlang der Linien, auf dem du jeden Punkt nur einmal berührst. Der Weg beginnt und endet am blauen Startpunkt. Du darfst den Stift dabei nicht absetzen und keine Linie zweimal nachziehen.

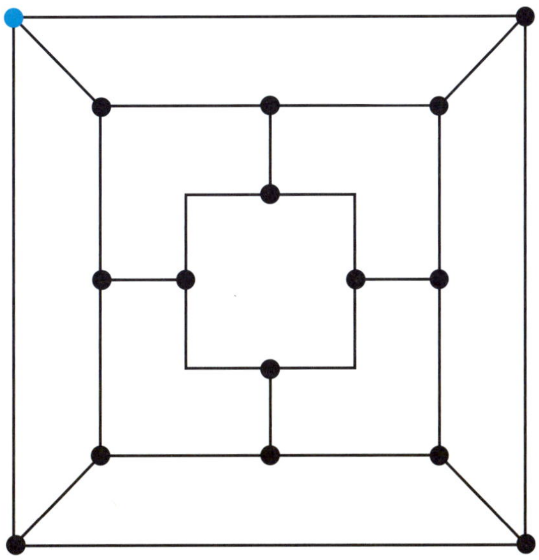

Quadrat-Puzzle

Für 2 oder mehr Spieler

Ihr braucht:

→ ***1 Blatt Papier***

→ ***Schere***

→ ***Uhr mit Sekundezeiger oder Stoppuhr***

Spielanleitung

Zeichnet die Abbildung unten auf ein Blatt Papier. Ihr könnt sie auch einfach durchpausen oder kopieren. Schneidet die sechs Teile aus. Dann klappt das Buch zu.

Der jüngste Spieler beginnt und muss nun versuchen das Quadrat so schnell wie möglich und ohne nachzusehen wieder richtig zusammenzusetzen. Die Zeit wird gestoppt. Dann kommt der nächste Spieler an die Reihe.

Wer es am schnellsten schafft, das Quadrat richtig zusammenzusetzen gewinnt.

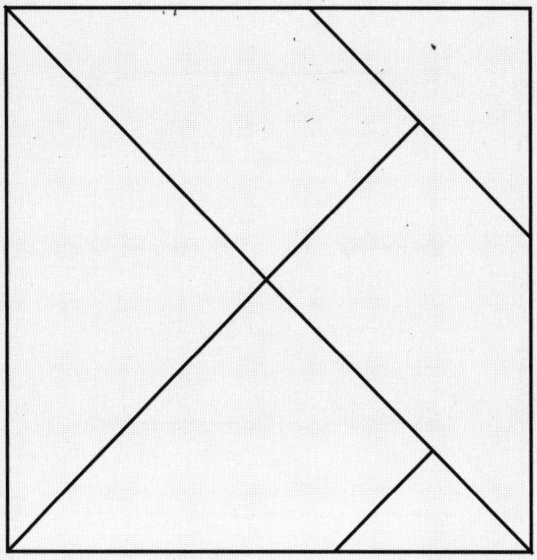

KNOBELAUFGABEN

Finde heraus, welcher Wochentag heute ist.
Oli malt immer montags und donnerstags.
Dani malt dienstags und freitags.
Harry malt an den Tagen, an denen Oli und Dani nicht malen.
Harry malt heute, Dani hat gestern gemalt und Oli wird morgen malen.
Also ist heute Mittwoch.

Dani möchte zum Eisbecher. Er überquert alle Felder einmal und die rosafarbigen gar nicht. Zeichne den Weg ein!

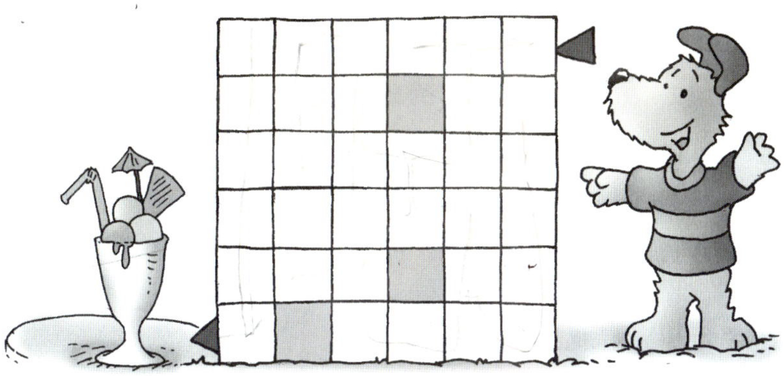

Die 3 Freunde wollen über einen Fluss rudern.
Oli wiegt 90 kg, Harry 50 kg und Dani 30 kg.

Das Boot kann höchstens mit 100 kg Last beladen werden, sonst geht es unter. In welcher Reihenfolge müssen die 3 Freunde den Fluss überqueren, sodass alle sicher am anderen Ufer ankommen?

Achtung: Das Boot fährt nie alleine zurück. Es muss immer von 1 oder 2 Personen gerudert werden.

KNOBELAUFGABEN

Harry hat 5 Schildkröten. Findest du heraus, welche Namen sie haben? Schreibe sie jeweils auf den Panzer.

Lala sitzt zwischen Lolo und Lili.
Lele sitzt nur neben Lulu.
Lolo sitzt zwischen Lulu und Lala.

Versuche mit 7 Streichhölzern 3 Dreiecke zu legen.
Mache eine Zeichnung in den Kasten.
Tipp: ein Streichholz kann in 2 Dreiecken enthalten sein.

Die 3 Freunde schicken sich gegenseitig Postkarten aus dem Urlaub. Wie viele Karten werden insgesamt verschickt, wenn jeder von jedem eine Karte bekommt?

Rechnung: ______________________

Antwort: ______________________

Was ist beim Riesen groß und beim Zwerg klein?

KNOBELAUFGABEN

Wer hat was mit zum Strand gebracht? Verbinde die Aufgaben mit dem richtigen Ergebnis und du weißt es.

Trage die Ergebnisse in die Tabelle ein.

·	9	19	69	199
3	27	57		597
13				
33				

Bei der Rechenmaschine fehlen Zahlen. Trage sie ein.

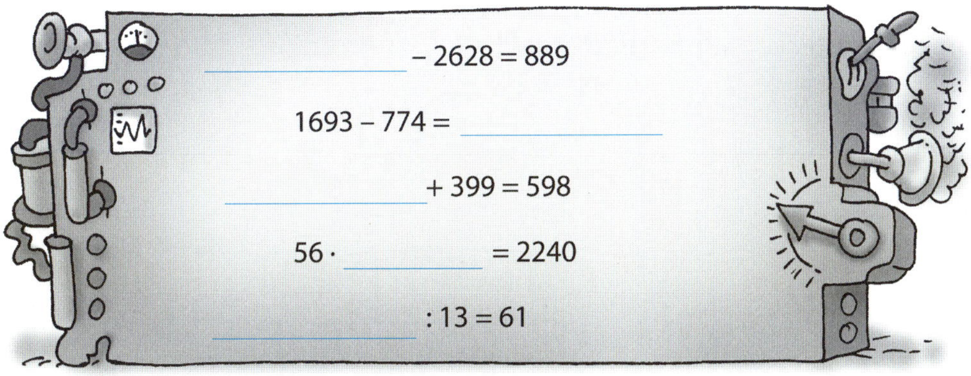

______ – 2628 = 889

1693 – 774 = ______

______ + 399 = 598

56 · ______ = 2240

______ : 13 = 61

KNOBELAUFGABEN

Die Hexe Donnerblitz lebt mit ihrer Katze Krallebein und ihrem Raben Spatzenschreck im dunklen Wald. Kannst du herausfinden, wie alt sie sind?

Donnerblitz: In 99 Jahren werde ich genau doppelt so alt sein wie heute. ____________

Krallebein: Mein Alter beträgt nur ein Neuntel von Donnerblitz' Alter. ____________

Spatzenschreck: In 2 Jahren werde ich so alt sein wie Krallebein vor 2 Jahren war. ____________

Dani isst am Montag 6 Kirschen. Am Dienstag verspeist er doppelt so viele. Am Mittwoch isst er ein Drittel der Kirschen vom Vortag. Am Donnerstag isst er so viele Kirschen wie an allen 3 Tagen zusammen. Am Freitag isst Dani 2 weniger als die Hälfte vom Donnerstag. Wie viele Kirschen sind es insgesamt?

____

Löse das Zahlenquadrat. Setze die Zahlensteine so in das Quadrat ein, dass die Summe der Zahlen in jeder waagrechten und senkrechten Reihe 10 ergibt.

3			
	3		
		3	
			3

KNOBELAUFGABEN

Harry hat an der Uhr gedreht. Wie spät ist es?
Zeichne die fehlende Uhrzeit ein.

Welche Zahlen fehlen in den letzten Blumen?

Trage die fehlenden Zahlen ein.

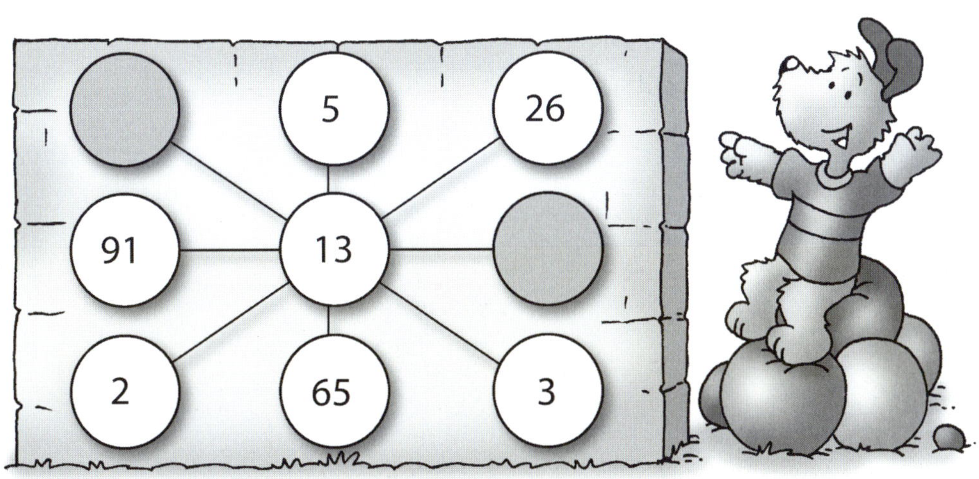

KNOBELAUFGABEN

Um den Tresor zu knacken, musst du eine Nummer eingeben. Die Zahlen 1–9 sind als Zeichen verschlüsselt. Welches Zeichen entspricht welcher Ziffer?

✦ + ✦ = ❁

✖ – ◆ = ▲

❖ · ❖ = ✖

◆ : ❁ = ✦

● + ✦ = ◗

◆ – ❖ = ●

◗ – ❁ = ❖

▲ + ● = ■

Was ist in den Truhen auf dem Meeresgrund? Rechne aus. Zu jeder Ergebniszahl passt ein Buchstabe.

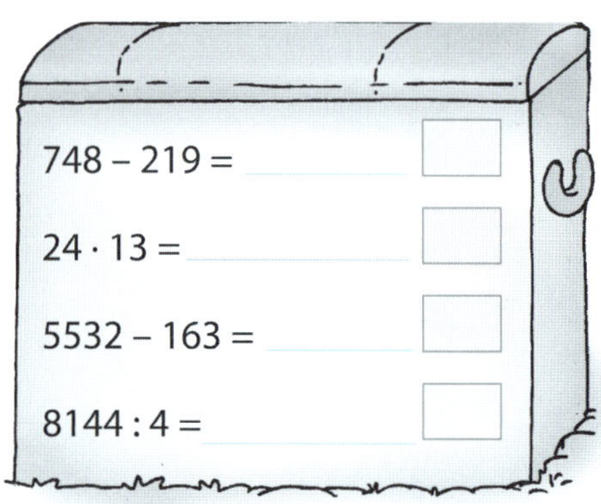

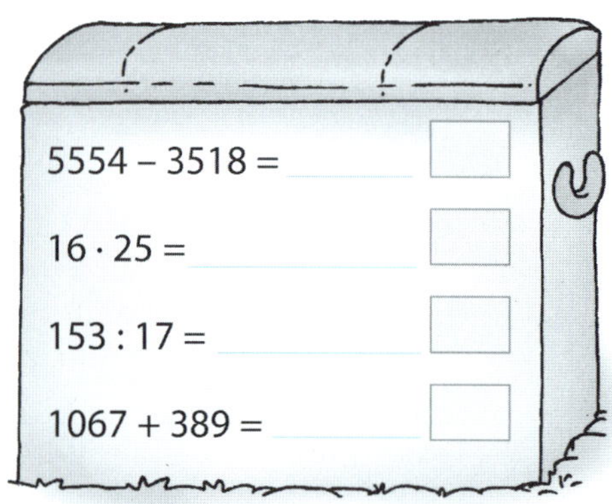

LÖSUNGEN

SPRACHRÄTSEL

Seite 7

Geburtstag im Tipi

Der Sohn heißt KLEINER FALKE.

Versteckt

COM**PUTE**R
T**ASCHE**
G**LOCKEN**SPIEL
HAU**STIER**KÄFIG
A**STERN**
KUSCHELD**ECKE**

Seite 8

Wortgitter

A	**K**	**P**	**F**	**E**	**R**	**D**	L
H	**U**	**H**	**N**	P	L	O	T
P	**H**	**E**	O	**Z**	W	**H**	Y
M	**A**	**U**	**S**	**I**	R	**U**	Ü
S	**C**	**H**	**W**	**E**	**I**	**N**	K
L	Q	T	Z	**G**	**L**	**D**	I
K	**A**	**T**	**Z**	**E**	J	G	T
A	W	**S**	**C**	**H**	**A**	**F**	H

Für Witzbolde

1. Zitrone
2. Es gibt niemals zwei Päpste gleichzeitig. Deshalb können sie sich nicht begrüßen.
3. Damit er bei Hochwasser nicht untergeht.
4. Weil sie Angst vor dem Kater haben.
5. Mit dem Buchstaben „T"

Seite 9

Durchgeschüttelt

Schnittlauch · Nudeln · Apfelsinen
Joghurt · Kirschen · Salami

Reim-Memory

Fisch – Tisch · Vase – Hase · Fliege – Wiege
Insel – Pinsel · Kuh – Schuh

Seite 10

Wortkreuze

Wortkreuz links: Ta**ss**e, Me**ss**er, A**ss**el, Se**ss**el
Wortkreuz rechts: Ta**nn**e, Re**nn**en, Ka**nn**e, Spi**nn**e

Mischmasch

Kartoffel (alles andere sind Früchte)
Wolke (alles andere sind Möbelstücke)
Hund (alles andere sind Fahrzeuge)
Computer (alles andere sind Schreibwerkzeuge)

Seite 11

Silbenrätsel

1. Sa – la – man – der
2. Schul – ran – zen
3. Le – xi – kon
4. Ta – schen – rech – ner

Zahlendieb

Verd**acht**
Ab**zwei**gung
Run**drei**se
Elfenbein
Einspruch
Kla**vier**

Seite 12

Buchstabenzauberei

TAUB
1. RAUB
2. RAUM
3. RAHM
4. RUHM

Lückenhaft

Foxi hat eine **breite** Schnauze und einen langen Hals. Sein Fell ist braun und **lockig**. Am Rücken hat er einen **schwarzen** Fleck und auch seine **rechte** Vorderpfote ist schwarz. Er hat ein blaues und ein braunes **Auge**. Um den Hals trägt er ein rotes **Halsband**, auf dem sein Name steht. Wenn er rennt, dann flattern seine langen **Ohren** im Wind. Das sieht lustig aus.

Seite 13

Verschoben

Ich habe einen dicken Frosch in deinem Schulranzen versteckt.

Quatsch-Sätze

Die Anfangsbuchstaben der Wörter sind immer die Vokale in der richtigen Reihenfolge: A E I O U.

Wer bin ich?

Saum
Baum
Raum
Traum

Seite 14

Wörterpuzzle

SCHRANK**E** · **P**INSEL · **S**TEMPEL · **A**MEISE

Buchstabenkekse

Der Klügere gibt nach.
Kommt Zeit, kommt Rat.
Lügen haben kurze Beine.
Wer A sagt, muss auch B sagen.

Das Krümelmonster hat viermal den Buchstaben K, viermal den Buchstaben E und zweimal den Buchstaben S gefressen. Damit kann man zweimal das Wort „Kekse" legen.

KONZENTRATIONSÜBUNGEN

Seite 17

Postkarten-Schnipselei

Passende Bildausschnitte: B, D, E, H

Seite 18

Turmbau

Der Turm besteht aus 46 Würfeln. In der untersten Ebene liegen 32 Würfel, in der Ebene darauf liegen 10 Würfel, in der dritten Ebene von unten liegen 3 Würfel und ganz oben liegt ein Würfel.

Seite 19

Wortschnüffler

Das Wort „ast" ist insgesamt 19-mal im Text versteckt.

Jens geht mit seinem Hund W**ast**l, einem M**ast**ino, spazieren. Sie gehen langsam die Straße entlang, da r**ast** ein L**ast**wagen vorbei und verliert einen Teil seiner L**ast**. Ein großer, brauner K**ast**en fällt herunter. „H**ast** du das gesehen, W**ast**l?", ruft Jens. H**ast**ig packt er W**ast**l am Halsband und bindet ihn an einem K**ast**anienbaum fest. Er zieht den K**ast**en zur Seite, damit kein Unfall passiert und schaut, was sich darin befindet. Ein Gl**ast**isch – f**ast** unbeschädigt. Der L**ast**wagenfahrer läuft herbei und lädt Jens zum Dank für seine schnelle Hilfe auf einen Riesenteller P**ast**a ein. W**ast**l bekommt einen Pl**ast**ikknochen, den er allerdings gar nicht mag und ganz schnell in einem **Ast**ernbeet vergräbt.

Was ist richtig?
Nur die fett hervorgehobenen Bezeichnungen sind richtig.

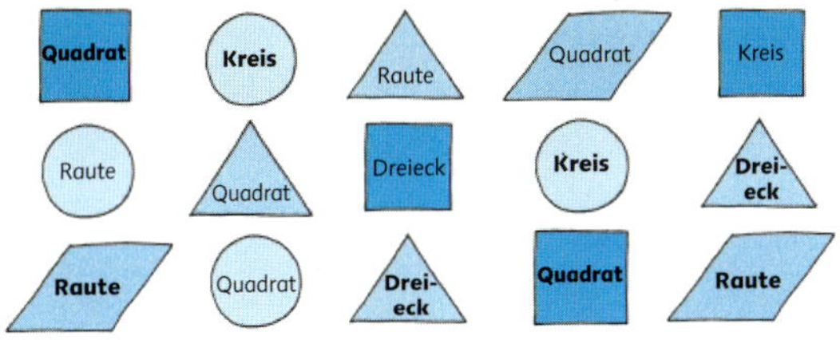

Seite 20
Spiegelverkehrt

Seite 21
Formen-Kuddelmuddel

 12-mal

 9-mal

 10-mal

Schattenbilder
Das Schattenbild mit der Nummer 3 ist das richtige.

Seite 22
Leinen-Trick
Hund links: Hasso
Hund rechts oben: Waldi
Hund rechts unten: Lucy

Tippfehler
1. Zeile
TOMTOMTOMTOMTOMTOMT**I**MT**L**M-
TOMTOMTOMT**J**MTOM
2. Zeile
TOM**K**TOMTOMTOM**M**TO**K**TOMTOM-
TOMTOMTOMTO**I**TOM
3. Zeile
TOMTOMTOMTOM**I**TOM**L**TOMTOMTOM-
TOMTO**N**TOMTOM

Seite 23
Perlen-Kunterbunt

Würfelknobelei
Nur das linke Netz ergibt beim Zusammenfalten einen Würfel.

Seite 24
Schau genau!
Beide Hüte sind gleich hoch. Die Hutkrempe ist in beiden Fällen genau so breit wie der Hut hoch ist.

Zahlenkolonnen
Die Zahlenkarten 1 und 4 sind gleich.

DENKSPIELE

Seite 27
Überführt
In einem Buch sind links immer die geraden und rechts die ungeraden Seiten. Zwischen den Seiten 17 und 18 kann also nichts liegen, weil sie Vorder- und Rückseite desselben Blatt Papiers sind.

Wiegerätsel
Erster Wiegevorgang: Anna legt zuerst auf jede Seite der Balkenwaage jeweils 3 Würfel. Senkt sich die Balkenwaage in eine Richtung, ist der schwerere Würfel unter diesen 3 Würfeln. Wenn beide Seiten gleich viel wiegen, dann ist der schwerere Würfel unter den letzten 3.
Zweiter Wiegevorgang: Von den 3 Würfeln, unter denen der schwerere sein muss, legt sie jeweils einen auf jede Seite der Waage. Senkt sich die Waage ab, ist der schwerere Würfel gefunden. Wiegen beide Seiten gleich viel, ist der dritte Würfel der schwerere.

Seite 28
Streichholzrätsel

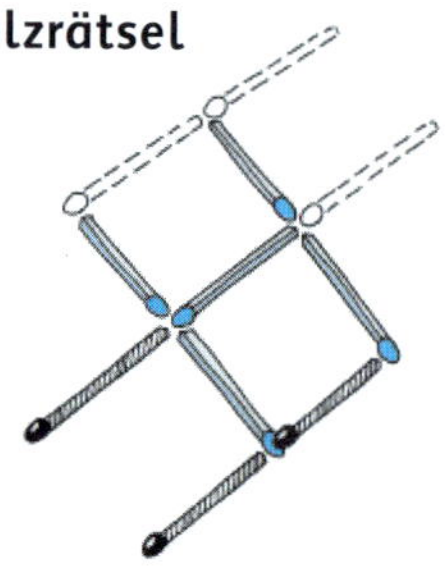

Tauschgeschäft
Kevin hat 5 Briefmarken, Mark 7 Stück. Gibt Mark Kevin eine, haben beide 6 Briefmarken. Gibt Kevin Mark eine ab, hat Kevin 4 und Mark 8, also doppelt so viele.

Seite 29
Milchumschüttung
Bauer Anton gießt aus dem 10-Liter-Eimer Milch in den 3-Liter-Eimer, bis dieser voll ist und schüttet die Milch dann in den 5-Liter-Eimer. Im 10-Liter-Eimer befinden sich jetzt noch 7 Liter. Nun gießt er aus dem 10-Liter-Eimer wieder Milch in den 3-Liter-Eimer bis er voll ist. Im 10-Liter-Eimer sind dann noch 4 Liter.

Passwort bitte!
Hinz: Fingernagel · Kunz: Haare · Franz: Ohr(en)

Seite 30
Elefantenmarsch
Es sind 3 Elefanten.

Münzenschieberei

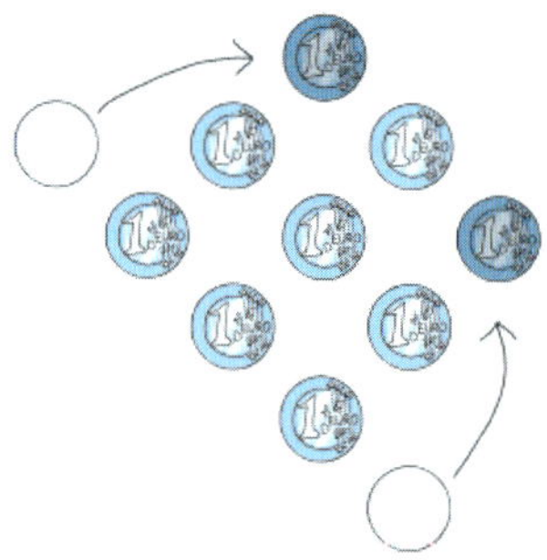

Seite 31
Tantchen gesucht
Tante Xenia ist die zweite von links.

Gefräßige Bande
Max kann auch auf dem Rückweg einen Gegenstand transportieren. Insgesamt braucht er 4 Fahrten.
1. Fahrt: Maus, Rückfahrt leer
2. Fahrt: Katze, Rückfahrt mit Maus
3. Fahrt: Käse, Rückfahrt leer
4. Fahrt: Maus

Seite 32
Hasenpfote unterwegs
Lösungsvorschlag:

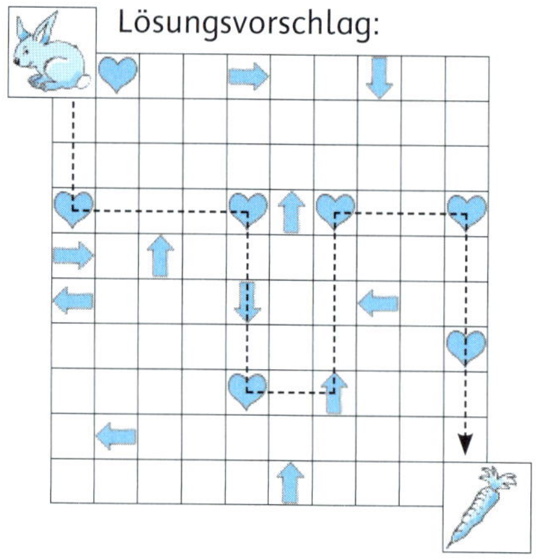

Einrad-Rekord
Marc fährt am längsten auf der Linie.

Seite 33
Magische Männchen

Farbenspielerei
Lotte muss mindestens 10 Paprikas nach oben bringen, um auf jeden Fall 3 grüne dabeizuhaben. Wenn sie nur 7 holt, könnten diese komplett gelb und rot sein.

Seite 34
Geschenke-Rätsel

	Blumen	Vase	Gutschein	Kerze	Tante	Onkel	Vater	Mutter
Jana			x			x		
Elias		x						x
Sonja	x				x			
Felix				x			x	

GEDÄCHTNISTRAINING

Seite 40
Viele Geschenke
Sara hat von ihrer Patentante die Ballettschuhe bekommen.

Seite 42
Ganz ordentlich Teil 2
Udos Bruder Lars hat die folgenden 3 Bücher falsch zurückgestellt: Piratenschatz, Kinderlexikon und Ritter Artus.

Familienbande
1. Carl hat 3 Geschwister.
2. Seine Tante heißt Trude.
3. Fußball, Hockey oder Schach
4. Tobias wohnt in Bonn.
5. Helena ist 11 Jahre alt (2 Jahre älter als Carl).

Seite 43
Zauberspiegel
Der Spiegel hat folgende Wörter verändert: Aus dem Bad wurde ein Bett, aus dem Buch ein Bauch und aus dem Gras ein Glas.

Bilderrätsel Teil 2
Im Baum sitzen nur 2 Vögel.
Das Haus hat 2 Fenster.
Im Zaun fehlt eine Latte.
Es kommt kein Rauch aus dem Schornstein.
Die Katze befindet sich auf der anderen Seite des Daches.
Die Hausnummer ist 9 statt 5.
Der Türknauf fehlt.
Ein Stück von der Dachrinne fehlt.

Seite 44
Gut gemerkt Teil 2
1. Lisa Fröhlich lebt in Hamburg.
2. Ute Müller wohnt in der Bahnhofstraße 41.
3. Herr Schwarz heißt mit Vornamen Thomas.
4. Franz Schmidt wohnt in der Gartenstraße 13.

RECHENSPORT

Seite 47
Zahlenlabyrinth

8	32	15	56	40	72
42	60	28	90	18	36
35	81	45	63	25	7
21	9	16	48	64	24
27	54	46	14	6	50

Fehl am Platz

a) Die Zahl 55 passt nicht (alle anderen Zahlen sind aus der 9er-Reihe).

b) Die Zahl 48 passt nicht (alle anderen Zahlen sind aus der 7er-Reihe).

c) Die Zahl 70 passt nicht (alle anderen Zahlen sind aus der 12er-Reihe).

Seite 48

Rechenzeichen gesucht

a) 6 **x** 8 **+** 35 **–** 56 = 27

b) 28 **+** 35 **:** 7 **+** 48 = 57

c) 43 **–** 37 **x** 6 **+** 64 = 100

Verzwickte Rechenrätsel

1. Robin hat am dritten Tag 92 Euro verdient.
2. Lisa hat den höchsten Turm gebaut.
3. Bert hat 620 Sekunden benötigt, Chris 700 Sekunden. Also war Chris nicht schneller als Bert.

Seite 49

Zahlenriesen – Zahlenzwerge

a) 87 – 23 = 64

b) 828 + 19 = 847

c) 13 x 5 = 65

d) 999 : 9 = 111

Ergebnisse der Größe nach sortiert:

64 < 65 < 111 < 847

Zahlenspielerei

18	x	2	=	36
+		+		–
22	–	12	=	10
=		=		=
40	–	14	=	26

Seite 50

Sammelfieber

Marc hat 90 Matchboxautos.

Fortsetzung folgt

9 18 27 36 45 **54 63 72** (immer + 9)

13 25 37 49 61 **73 85 97** (immer + 12)

3 6 12 24 48 **96 192 384** (immer x 2)

545 530 515 500 485 **470 455 440** (immer – 15)

Unpassend

a) 19 + 7 = 26. Alle anderen Aufgaben ergeben 25.

b) 118 – 55 = 63. Alle anderen Aufgaben ergeben 62.

Seite 51

Volle Einkaufskörbe

Pit hat 24,20 Euro ausgegeben.
Paul hat 23,50 Euro bezahlt.
Paul hat somit günstiger eingekauft.

Würfelglück

Kurt: 24 Punkte
Jana: 23 Punkte
Ralf: 22 Punkte
Sandra: 21 Punkte
Kurt hat die höchste, Sandra die niedrigste Punktzahl erreicht.

Seite 52

Deutschlandreise

874 : 23 = 38
Zu Fuß dauert die Reise 38 Tage.

Mit dem Fahrrad ist man doppelt so schnell unterwegs, benötigt also nur die Hälfte der Tage wie zu Fuß.
38 : 2 = 19
Mit dem Fahrrad dauert die Reise 19 Tage.

Zusammenführung

37 + 66 = 103
59 + 80 = 139
240 + 174 = 414
321 + 444 = 765

Seite 53

Maßarbeit

Alle Tätigkeiten zusammengerechnet nehmen 22 Minuten in Anspruch. Also muss Thomas um 6.58 Uhr aufstehen, um rechtzeitig zum Schulbeginn in der Schule zu sein.

Zahlenrätsel

A 8	8			B 7
1		C 2	4	0
	D 1	5		
E 4	8		F 6	9
2	2		0	

Seite 54

Welche Zahl fehlt?

Die 3 Zahlen in jeder senkrechten Spalte ergeben eine Rechenaufgabe.

10 – 3 = 7
20 – 5 = 15
28 – 8 = 20
30 – 12 = 18

Im letzten Feld fehlt also die 18.

Zahlenrätsel

a) 6
b) 3
c) 1
d) 6
e) 9
f) 3

WORTKNOBELEIEN

Seite 57

Abc-Regen

Der Buchstabe N fehlt.

Verkehrt herum

Lösungsmöglichkeiten:

Esel – Lese • Ton – Not
rot – Tor • Lager – Regal
lieb – Beil • nie – ein
Lage – egal • Eis – sie

Seite 58

Wortsuche

Lösungsmöglichkeiten:

1. Seife: Eis, sie, fies, See, Fee, sei
2. Telefon: Tee, Ton, Not, Note, Elfe, Fee, Ofen, oft
3. Himbeere: Meer, Bier, Hieb, hier, mehr, Ehre

Was passt zu uns?

Die Endung „eise" fehlt: Reise, Gleise, Preise, Schneise

Die Endung „ach" fehlt: Krach, Fach, Dach, Bach

Buchstabenmix

Lösungsmöglichkeiten:

1. Laden, Nadel, da, Land, Lade, Lea, Lena
2. rau, Mauer, Arm, Arme, um, am, Raum

Seite 59

Max Schusselig

Max hat folgende Dinge zu Hause vergessen: Bleistift, Hausaufgaben, Turnschuhe, Deutschbuch, Pausenbrot.

Vorwärts und rückwärts

Lösungsmöglichkeiten:

Lagerregal, Reittier, Rentner, Renner, Uhu, neben, Bob, Kajak, aha, aua, Radar, Anna, stets

Seite 60

Suchsel

K	Q	R	I	A	F	G	Z	X	B	Z	A
P	Ü	W	J	H	R	**Z**	Z	M	Ö	**E**	G
U	C	N	**L**	**Ö**	**W**	**E**	O	Z	**K**	**L**	L
M	V	W	T	E	I	**B**	L	G	**R**	**E**	Y
A	**N**	**A**	**S**	**H**	**O**	**R**	**N**	P	**O**	**F**	H
F	**I**	X	**N**	Z	C	**A**	S	Ü	**K**	**A**	B
A	**L**	J	I	**T**	Y	V	M	L	**O**	**N**	T
D	**P**	E	A	O	**I**	K	N	N	**D**	**T**	Y
W	**F**	R	S	F	G	**L**	Z	U	**I**	T	T
A	**E**	V	**D**	**R**	**A**	**P**	**O**	**E**	**L**	N	M
B	**R**	D	H	J	K	L	M	**P**	N	O	P
U	**D**	A	R	**E**	**F**	**F**	**A**	Z	**E**	Y	X

Seite 61

Rebus-Rätsel

1. Tiger
2. Giraffe
3. Gepard

Neue Wörter

Tischfußball, Eisvogel, Stockente, Nusskuchen, Handschuh

Seite 62

Wortverwandlung

Nase	Kanne	Wand
Hase	Tanne	Hand
Hose	Tonne	Hund
Dose	Sonne	Mund

Nimm zwei!
Autoreifen
Gewitterwolke
Schneeflocke
Eisbecher
Wasserball
Goldfisch
Blitzlicht
Fingernagel
Hundeleine
Armband

Seite 63

Schüttelwörter
Hund
Frühstück
Daumen
Spaziergang

Immer der Reihe nach!
1. Au, Auto, Autor, Tor, Tora, Rad, Radio
2. Arm, Arme, Lade, Laden, eng, Glas
3. Tasche, Asche, Engel, Geld
4. Kaffee, Affe, Fee, Tasse, Ass

Seite 64

Wortgiraffe
Lösungsmöglichkeit:
Gürteltier
Iltis
Rentier
Alligator
Flamingo
Frettchen
Elefant

Ausreißer
Tisch (Die anderen Wörter bezeichnen Bäume.)
Bikini (Alle anderen Kleidungsstücke trägt man im Winter.)
Hund (Alle anderen Tiere sind Wildtiere.)
China (Alle anderen Länder liegen in Europa.)

ZAHLENKNOBELEIEN

Seite 67

Gesucht – gefunden
4
5000
12

Magisches Quadrat

6	1	8
7	5	3
2	9	4

Seite 68

Wie geht es weiter?
3, 6, 8, 11, 13, 16, 18, 21
(Lösungsweg: +3 +2 +3 + 2)
6, 4, 7, 5, 8, 6, 9, 7
(Lösungsweg: –2 +3 –2 +3)
2, 4, 8, 10, 20, 22, 44, 46
(Lösungsweg: +2 · 2 +2 · 2)
2, 7, 11, 16, 20, 25, 29, 34
(Lösungsweg: +5 +4 +5 +4)
3, 9, 4, 12, 7, 21, 16, 48
(Lösungsweg: · 3 –5 · 3 –5)

Um die Ecke gedacht
Der Vater ist 45 Jahre alt.
Die Mutter ist heute 46 Jahre alt.

Seite 69

Knobel-Ei

Es dauert ebenfalls 9 Minuten, bis alle Eier fertig sind.

Schneckentempo

Rosi braucht 9 Minuten, bis sie bei Rudi ist.
(48 : 16 = 3; 3 · 3 = 9)
Carlo braucht 5 Minuten, bis er den Salat erreicht.
(In 60 Minuten (= 1 Stunde) schafft Carlo 300 cm (= 3 Meter). In 10 Minuten kriecht er also 50 cm (300:6), in 1 Minute 5 cm (50:10). 25:5 = 5 Minuten.)

Seite 70

Mini-Sudoku

2	4	3	1
4	2	1	3
1	3	2	4
3	1	4	2

1	3	2	4
3	2	4	1
4	1	3	2
2	4	1	3

Endstation

An der Endstation sitzen 6 Personen im Bus: 5 Fahrgäste + 1 Busfahrer.

Seite 71

Rechenprofi

10, 12, 14

Zahlenmauer

links: A: 173, B: 63, C: 219,
D: 109, E: 672, F: 1000
rechts: A: 522, B: 98, C: 545,
D: 212, E: 666, F: 333

Seite 72

Im alten Ägypten

 = 2
 = 6
 = 7
 = 9

3 · 3 = 9
9 – 6 = 3
6 : 3 = 2
2 + 7 = 9

Hier fehlt doch was!

35 + 13 – 12 + 17 – 11 = 42
6 + 9 + 9 – 5 + 8 = 27
1000 + 2000 – 1000 + 500 + 1000 = 3500

Seite 73

Ausreißer

Reihe 1: 10
(Alle anderen Zahlen sind durch 3 teilbar.)

Reihe 2: 23
(Alle anderen Zahlen sind gerade Zahlen.)

Reihe 3: 50
(Alle anderen Zahlen sind durch 7 teilbar.)

Reihe 4: 75
(Alle anderen Zahlen sind durch 13 teilbar.)

Zahlen-Geheimschrift

 = 10
 = 5
 = 6
 = 4

In dem leeren Kästchen fehlt die 25.

Seite 74

Schokoriegel-Rätsel

Vanessa hat 5 Schokoriegel und Johannes 7.

Welche Zahl fehlt?

Die 8 fehlt. Die Zahlen in den beiden unteren Feldern ergeben jeweils die Zahl im oberen Feld.

BILDERRÄTSEL

Seite 77

Doppelt gemoppelt

Der Tischtennisschläger ist nur einmal abgebildet.

Seite 78

Optische Täuschung

Beide Linien sind gleich lang und beide Innenkreise sind gleich groß.

Die schwarze Katze

Seite 79

Klecksels Kleckseleien

Seite 80

Aufgepasst!

1. Das Mädchen schießt mit dem rechten Fuß.
2. Auf dem Bild sind sieben Bälle zu sehen.
3. Auf dem T-Shirt steht die Zahl 3.
4. Auf der Hose des Mädchens sind kleine Dreiecke.
5. Das Mädchen steht links.

Seite 81

Hier fehlt doch was!

1. Kreis; 2. Halbmond; 3. Raute; 4. Quadrat

Schachtelfiguren

Du kannst links 10 Quadrate sehen und rechts 20 Dreiecke.

Seite 82

Schau genau!

1. 

2. 

3. 

4. 

Groß und klein

Dreieck Nummer 1; Pfeil Nummer 2

Seite 83

Schwarz und Weiß

Reihe Nummer 4

Differix

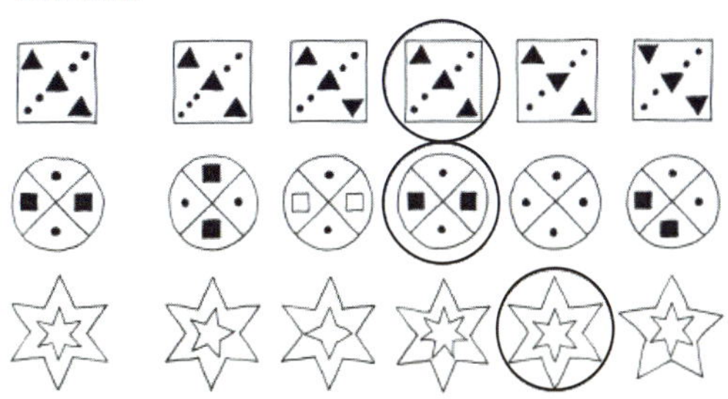

Seite 84

Was gehört zusammen?

Wünsch dir was!

SPRACHRÄTSEL

Seite 87

Satzbau-Meister

Tobi liegt im Bett und gähnt.
Da kitzelt ihn jemand am Zeh.
Er sieht nach und entdeckt seine Katze Cleo.
Lachend steht Tobi auf und zieht sich an.
Es ist Zeit fürs Frühstück.

Rätselwörter

1. Blumentopf
2. Löwenzahn
3. Weißkohl
4. Walnuss

Seite 88

Scherzfragen

1. Eine angebissene Birne mit einem halben Wurm.
2. Das „d"
3. Die Brillenschlange
4. Das Seepferdchen
5. Der Seelöwe

Wer bin ich?

Paul ist Feuerwehrmann, Katrin Zahnärztin und Timo Schornsteinfeger.

Seite 89

Knobelsätze

Amelie liest abends im Bett gerne Abenteuerbücher.
Oft sind die Bücher so spannend, dass sie nicht aufhören kann.
Dann ist sie am nächsten Morgen sehr müde.

Bandwurmsätze

Lotta geht mit ihren Eltern auf die Kirmes. Dort gibt es viele Karussells und Buden. Am besten gefällt Lotta die Geisterbahn. Sie überredet ihren Vater mit ihr eine Runde zu fahren. Im Inneren der Geisterbahn erschrecken schaurige Pappmonster die Fahrgäste. Lotta gruselt sich nur ein kleines bisschen.

Seite 90

Mixmaxsprache

Fledermäuse sind Säugetiere, obwohl sie wie Vögel fliegen können. Doch im Gegensatz zu Vögeln legen sie keine Eier. Fledermäuse schlafen am Tag und werden erst nachts aktiv. Sobald es dämmert, gehen sie auf Nahrungssuche nach Insekten.

Streng geheim!

Max: Treffen wir uns heute Nachmittag bei mir?
Anja: Ich komme um drei. Ich bringe mein neues Spiel mit.

Seite 91

Sprichwort gesucht

Es ist noch kein Meister vom Himmel gefallen.

Seite 92

Lückenfüller

Flügel
Bank
Pflaster
Schloss

Seite 93

Zahlen-Geheimschrift

Der Blauwal ist das schwerste Tier, das es auf unserem Planeten gibt. Er wiegt so viel wie etwa 1600 Menschen, das sind mehr als 1000 Tonnen. (A = 1, B = 2 usw).

Seltsame Selbstlaute

1. Zehn fleißige Bienchen summen jeden Freitag freche Lieder.
2. Bunte Blumen blühen in unserem bunten Blumenbeet.
3. Majas Tante Klara tanzt mit Thomas täglich Tango.
4. Sieben singende Singvögel singen sieben Liebeslieder.
5. Sieben dicke Dichter dichten im dichten Dickicht.

Seite 94

Erfinderwerkstatt

Zum Beispiel:
Tausend Tanten trinken Tee.
Elf Elefanten essen Erbsen.
Runzlige Riesen riechen rote Rosen.
Nette Nachbarn niesen nie.

Briefpost

Liebe Mira,
gestern waren wir am See baden. Tom und ich sind zuerst geschwommen. Danach haben wir Volleyball gespielt. Später haben wir gegessen. Tante Klara hatte einen Picknickkorb gepackt. Am Abend sind wir wieder nach Hause gefahren.
Bis bald, deine Anna

LOGIKRÄTSEL

Seite 97

Das große Zauberertreffen

Heronimus ist der zweite Zauberer von links.

Seite 48

Der Kinobesuch

Von links nach rechts: Kim, Valerie, Maike, Lutz, Tobias

Streichholzrätsel

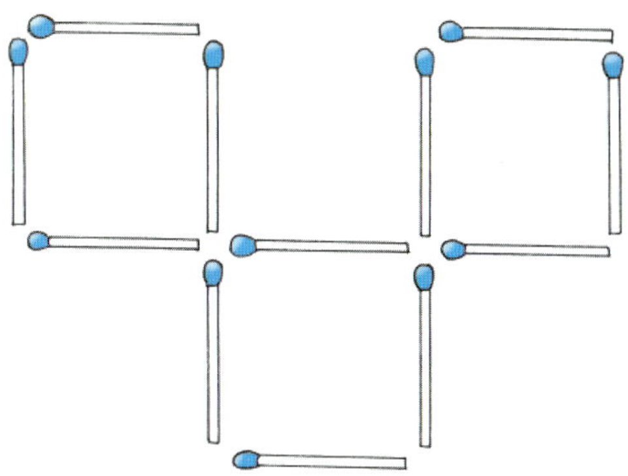

Seite 99

Halloweenkostüme

Willi ist als Monster verkleidet.
Billy hat sich als Dracula verkleidet.
Max geht als Pirat.
Johannes steckt im Gespensterkostüm.

Auf der Kirmes

Großvater, Vater und Sohn gehen zusammen auf die Kirmes. Der Vater ist gleichzeitig der Sohn des Großvaters.

Seite 100

In der Seestraße

Familie Kienzle wohnt in der Seestraße 2.
Familie Wendelin wohnt in Nummer 4.
Familie Schwarz wohnt in Nummer 6.
Familie Huber lebt in der Seestraße 8.
Und Familie Renner wohnt in der Hausnummer 10.

Am Flussufer
Ganz einfach: Bill und Tim stehen nicht am selben Ufer des Flusses! Zuerst steigt der eine in das Ruderboot und rudert über den Fluss. Dann steigt der andere der beiden in das Boot und rudert ans andere Ufer. Jeder hat nun den Fluss überquert.

Seite 101
Drei Schwestern

	Miriam	Paula	Jenny
Alter	11 Jahre	10 Jahre	8 Jahre
Hobby	Stepptanz	Basketball	Chor

Was bin ich?
Schneeballschlacht

Seite 102
Mustersuche
Gesucht wird Muster Nummer 1.

Hunde, Pfoten und Menschen
Klingel
Bäckerei
Kuh

Seite 103
Münzenrätsel

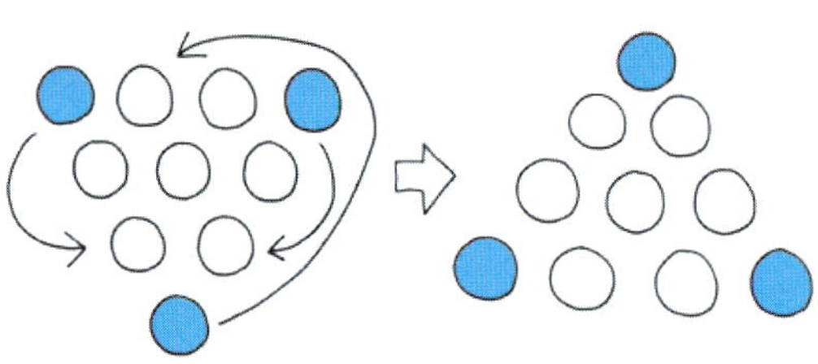

Heute, morgen, übermorgen?
Susanne muss Donnerstag zum Zahnarzt.
Frau Schusselig wird die Klassenarbeit am Dienstag schreiben.
Der gesuchte Tag ist Montag.

Seite 104
Das Burgfräulein und die Ritter
Der Bauer hat 5 Ziegen.

Richtig herum
1. Gestern machte Anna eine Radtour mit ihren Eltern.
2. In einer engen Kurve verlor sie das Gleichgewicht.
3. Annas Fahrrad kippte um und sie fiel zu Boden.
4. Zum Glück verletzte sie sich beim Sturz nicht.

Seite 105
Nikolaus-Haus

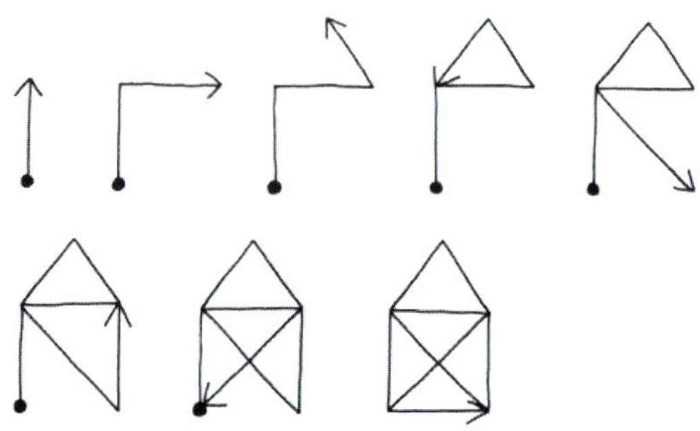

Im Quadrat

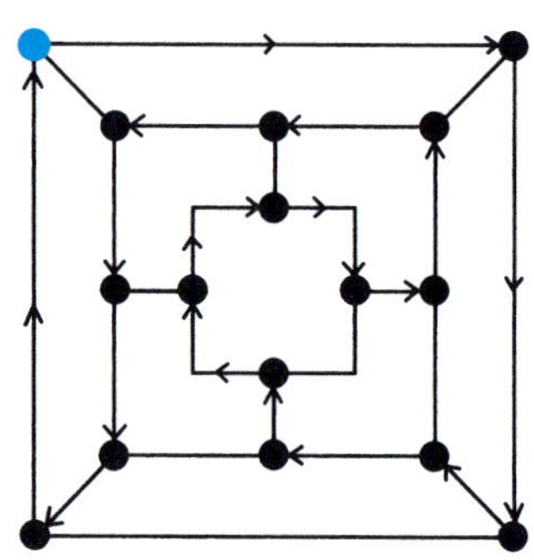

Seite 107

Lösungsbild: Seehund

1) Heute ist Mittwoch.
2) Eine der Lösungsmöglichkeiten:

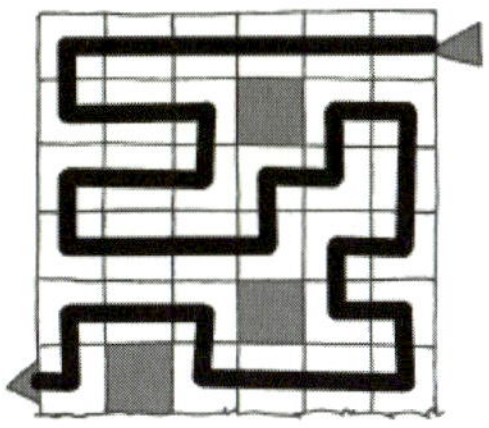

3) a) Harry und Dani rudern hinüber.
   b) Harry oder Dani rudert zurück (egal wer).
   c) Oli rudert alleine hinüber.
   d) Harry oder Dani rudert zurück (derjenige,der bei b) nicht gerudert ist).
   e) Harry und Dani rudern zusammen hinüber.

Seite 108

1) Von links: Lele, Lulu, Lolo, Lala, Lili.
   Oder: Lili, Lala, Lolo, Lulu, Lele.
2) Eine der Lösungsmöglichkeiten:

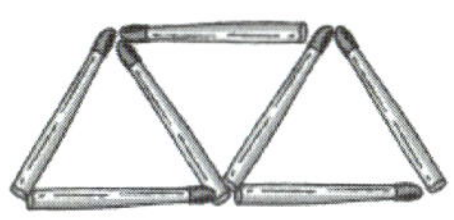

3) Jeder verschickt 2 Karten.
   Rechnung: 3 · 2 = 6
   Antwort: Insgesamt werden 6 Karten verschickt.
4) Das R

Seite 109

1) 11 · 12 = 132,
   583 – 452 = 131,
   66 · 2 = 132,
   231 – 99 = 132,
   46 + 85 = 131;
   Dani: Handtuch, Tasche;
   Harry: Handtuch, Sonnenschirm, Ball
2) Reihe 1: 27, 57, 207, 597;
   Reihe 2: 117, 247, 897, 2587;
   Reihe 3: 297, 627, 2277, 6567
3) 3517 – 2628 = 889,
   1693 – 774 = 919,
   199 + 399 = 598,
   56 · 40 = 2240,
   793 : 13 = 61

Seite 110

1) Donnerblitz: 99 Jahre,
   Krallebein: 11 Jahre,
   Spatzenschreck: 7 Jahre
2) Es sind insgesamt 53 Kirschen.
3) Eine der Lösungsmöglichkeiten:
   Reihe 1: 3, 2, 4, 1,
   Reihe 2: 1, 3, 2, 4,
   Reihe 3: 4, 1, 3, 2,
   Reihe 4: 2, 4, 1, 3

Seite 111

1) Oben: 6.00 Uhr (– 3 h 15 min),
   Mitte: 12.40 Uhr (+ 2 h 10 min),
   unten: 16.30 Uhr (+ 55 min)
2) Fehlende Zahlen: 73, 90, 108
   (+ 12, dann + 13, dann + 14, dann + 15 usw.)
3) Oben links: 39 (39 : 13 = 3),
   Mitte rechts: 7 (91 : 13 = 7)

Seite 112

1) Der Code für den Tresor lautet:
   Reihe 1: 97815,
   Reihe 2: 3642
2) Links: 748 – 219 = 529,
   24 · 13 = 312,
   5532 – 163= 5369,
   8144 : 4 = 2036 → RING;
   rechts: 5554 – 3518 = 2036,
   16 · 25 = 400,
   153 : 17 = 9,
   1067 + 389 = 1456 → GOLD

Bibliografische Information der Deutschen Nationalbibliothek:
Die Deutsche Nationalbibliothek verzeichnet diese Publikation
in der Deutschen Nationalbibliografie. Detaillierte bibliografische
Daten sind im Internet über **http://dnb.d-nb.de** abrufbar.

4 3 2 1 16 15 14 13

Postfach 1860
88188 Ravensburg

Text: Bianca Kaminsky | Diana Hofheinz (S. 7 – 56)
Illustrationen: Gabi Selbach
Umschlagillustration: Loori
Layout: Eva Drewniok
Printed in Germany

ISBN 978-3-473-41986-9

www.ravensburger.de